André de la Chaux

Interkulturelle Medienbildung im Dokumentarfilm für Kinder

Eine Analyse filmischer Inszenierungsstrategien
fremder Lebenswelten

Magdeburger Schriftenreihe zur Medienbildung

Film – Internet – Computerspiele

Herausgeber: Johannes Fromme, Winfried Marotzki

ISSN 2194-1130

André de la Chaux

INTERKULTURELLE MEDIENBILDUNG IM DOKUMENTARFILM FÜR KINDER

Eine Analyse filmischer Inszenierungsstrategien fremder Lebenswelten

ibidem-Verlag
Stuttgart

Bibliografische Information der Deutschen Nationalbibliothek
Die Deutsche Nationalbibliothek verzeichnet diese Publikation in der Deutschen Nationalbibliografie; detaillierte bibliografische Daten sind im Internet über http://dnb.d-nb.de abrufbar.

Bibliographic information published by the Deutsche Nationalbibliothek
Die Deutsche Nationalbibliothek lists this publication in the Deutsche Nationalbibliografie; detailed bibliographic data are available in the Internet at http://dnb.d-nb.de.

Coverabbildungen:
© Dieter Schütz / pixelio.de
© Ulla Trampert / pixelio.de
© Brit Berlin / pixelio.de
© Ulla Trampert / pixelio.de
© Dieter Schütz / pixelio.de
© Heike Berse / pixelio.de
© Helene Souza / pixelio.de
© Ueli Gubler / pixelio.de
© Astrid Götze-Happe / pixelio.de

∞

Gedruckt auf alterungsbeständigem, säurefreien Papier
Printed on acid-free paper

ISBN-13: 978-3-8382-0628-8

© *ibidem*-Verlag
Stuttgart 2014

Printed in Germany

Inhalt

1. Einleitung

„Das Fernsehen bietet eine ziemlich primitive, freilich unwiderstehliche Alternative zur linearen, sequenziellen Logik des gedruckten Wortes und tendiert dazu, die Härten einer an der Schrift orientierten Erziehung irrelevant zu machen. Für Bilder gibt es kein ABC. Um die Bedeutung von Bildern verstehen zu lernen, benötigen wir keinen Unterricht in Grammatik, Rechtschreibung, Logik oder Wortkunde. Wir benötigen nichts, was einer Schulfibel entspräche, keine Hausaufgaben und keine Voraussetzungen schaffende Ausbildung. Das Fernsehen verlangt keine besonderen Fähigkeiten und entwickelt auch keine Fähigkeiten." (Postman 2000, S. 93)

Das Zitat von Postman, im Original von 1982, spiegelt m.E. nach einen bis heute geführten Diskurs über das Verhältnis von Medienwirkung, Kindern und Kindheit. Im Zuge der sich seit dieser Zeit entwickelten Mediatisierung durch Internet, Handys, Video- und Computerspiele etc., wäre es interessant, was Postman heute zu seiner These sagen würde. Hartmut von Hentig schrieb schon 1975 (S. 34), dass Kindheit „heute" eine Fernsehkindheit sei und verwies schon damals auf die Konzentrationsschwierigkeiten von Kindern in der Schule aufgrund der „kurzen" Einstellungen von 35 Sekunden im Fernsehen. Seit den 1990ern hält sich die Diagnose einer „Medienkindheit" (u.a. Charlton 1992), dabei wird handlungspraktisch oft der verantwortungsvolle Umgang von Kindern mit dem Internet, Handys etc. in diesen Zusammenhang gebracht und auch immer noch stehen die Gefahren und Medienwirkungen auf Kinder und Jugendliche im Fokus politischer und gesellschaftlicher Diskussionen.[1]

Dass Kinder in einer stark mediatisierten Welt aufwachsen, ist unumstritten. Ebenso sollte aber m.E. auch im Fokus stehen, dass Kinder in einer komplexen und globalisierten Welt aufwachsen. Globalisierung steht im engen Zusammenhang mit einer sich weiterentwickelnden medialen „transkulturellen Kommunikation" (Hepp 2006). Die Sozialisation von Kindern und das gesell-

---

[1] Verwiesen sei in diesem Zusammenhang auf das 2012 erschienene Buch „Digitale Demenz" von Manfred Spitzer und die damit verbundenen Diskussionen.

schaftlich geprägte Bild von Kindheit sind dabei dem beschleunigten Modernisierungswandel unterworfen. Dementsprechend halte ich es für zu eng, den mediatisierten Wandel im Hinblick auf Kinder und Kindheit auf Gefahren und Medienkompetenzausbildung zu beschränken. Kinder sind in einer Welt, die von kultureller Vermischung, Unbestimmtheiten und Unübersichtlichkeit geprägt ist, gefordert, mit diesen Herausforderungen groß zu werden und sich später als selbstbestimmte Persönlichkeiten in dieser Welt zu bewegen. Medien sollten dabei nicht als auf die Kinder einwirkende und von der Welt getrennte Phänomene gesehen werden, sondern auch als Angebote der Orientierung im Prozess der Sozialisation. Mit dem in dieser Arbeit verwendeten Begriff der Medienbildung (vgl. Jörissen/Marotzki 2009) soll dieses mediale Orientierungspotenzial gemeint sein. Anders als Postman gehe ich von der Prämisse aus, dass Bilder, Filme, Fernsehen und andere Medien ein Bildverstehen voraussetzen und dass Menschen eben nicht „Opfer" der Medien, sondern selbstkonstituierend im Kontext ihrer Sozialisations- und Wissenserfahrungen sind.

In dieser Arbeit beschäftige ich mich mit dem Dokumentarfilm für Kinder, der Lebenswelten von Kindern anderer Kulturkreise thematisiert. Der Dokumentarfilm stellt für mich eine Möglichkeit dar, dass sich Kinder zum einen mit einer anderen aber im Gegenzug ebenso mit der eigenen Kultur auseinandersetzen. Gerade im Kontext aktueller Globalisierungs-schübe und kultureller Vermischungen können medial vermittelte Bilder anderer Kulturen unter Umständen das Potenzial haben, Orientierung zu bieten, aber auch vorurteil- und klischeefördernd zu wirken. Daher möchte ich in dieser Arbeit untersuchen, wie es Dokumentarfilme ermöglichen, dass hiesige Kinder die Lebenswelt von Kindern fremder Kulturen erfahren können. Dafür werde ich zunächst theoretisch den Begriff der „Interkulturellen Medienbildung" (Kapitel 2) herausarbeiten und genauer definieren. Dabei setze ich mich zum einen mit dem Bildungsbegriff im Kontext der Globalisierung auseinander und versuche mithilfe des Kulturbegriffs von Nieke (2008) und des Begriffs der Medienbildung (Jörissen/Marotzki 2009) eine für diese Arbeit nützliche Symbiose der Begriffe zu bilden. Darauf folgend widme ich mich dem Dokumentarfilm im Allgemeinen und dem Dokumentarfilm für Kinder im Speziellen (Kapitel 3). Anschließend wende ich mich der Entwicklung der Forschungsfrage und dem dazu vorhandenen Forschungsstand zu (Kapitel 4). Zur Beantwortung der Frage ziehe ich die neoformalistische Filmanalyse und die Grounded Theory im anschließenden Methodikteil (Kapitel 5) heran und erläutere das genaue Forschungsvorgehen. Im empirischen Teil (Kapitel 6) der Arbeit werden dann die im Forschungsprozess gefundenen Kategorien und Muster beschrieben und diskutiert (Kapitel 7). Die Arbeit endet mit einem abschließenden Fazit (Kapitel 8).

2. Interkulturelle Medienbildung

„Nur dann können wir uns mit der Vielfalt der Gattung Mensch und den Unterschieden unter den Menschen aussöhnen [...], wenn wir uns wie durch eine außergewöhnliche Gnade bewußt werden, daß Menschen die Erde bewohnen und nicht *der Mensch*." (Hannah Arendt in „Elemente und Ursprünge totaler Herrschaft" 1951, Hervorhebung im Original)

Im oben genannten Satz von Hannah Arendt, wird eine Grundproblematik menschlichen Zusammenlebens, im historischen wie auch aktuellen Sinne, deutlich. Durch den m.E. reduktionistischen Akt, willkürlich gesetzter Kategorisierung menschlicher Lebensweisen und -formen und deren moralische Klassifizierung aus einer vermeintlich ethisch höher gesetzten Perspektive, werden die entstehenden Konfliktpotenziale deutlich. Arendt schreibt sinngemäß, dass erst durch die Bewusstwerdung, dass es „den Menschen", m.E. gedacht als eine feste, nicht veränderbare Größe, nicht gibt und geben kann, Prozesse des Verstehens menschlichen Daseins möglich werden. Die Reduktion des Menschen durch Weglassung außer- und innerphysischer und psychischer Merkmale, wie Alter, Geschlecht, Sozialisations-, Lern-, Biographie- und Bildungserfahrungen, Behinderungen, Krankheiten, kulturellem Hintergrund etc. macht deutlich, wie konfliktbehaftet eine solche Denkweise ist. Die Außerachtlassung der Vielfältigkeit menschlicher Lebensweisen und ein intoleranter Umgang mit diesen, sind in der menschlichen Geschichte hinreichend dokumentiert[2]. Mit Blick auf aktuelle Globalisierungs- und Modernisierungsprozesse stehen Gesellschaften und die in ihnen lebenden Individuen vor großen Herausforderungen (vgl. u.a. Beck 1986, Giddens 1990, Wulf/Merkel 2002, Bauman 2007). So schreiben Wulf und Merkel (2002, S. 11): „Die Menschen der Gegenwart leben in unterschiedlichen historischen Zeiten und Kulturen, in

---

[2] Ich denke dabei insbesondere an die Genozide des vergangenen Jahrhunderts von den Kolonialkriegen, über den Holocaust bis hin zum „Autogenozid" der roten Khmer in Kambodscha. Allein durch die Addition der bei Böhme (1999, S. 139ff.) angegebenen Opferzahlen auf etwa 11,3 Milllionen Tote wird die Tragweite dieser Ereignisse deutlich. Noch drastischer wird die Addition unter Einbeziehung aller kriegerischen Auseinandersetzungen im 20. Jahrhundert. Hier schätzt Böhme (ebd.) etwa 185 Millionen Tote.

sich einander stoßenden Ungleichheiten." Gerade moderne Gesellschaften sind dabei im Zuge von Migrationsprozessen mit der Herausforderung konfrontiert, das Aufeinandertreffen unterschiedlichster Kulturen innerhalb des eigenen geschichtlich geprägten Kulturraumes zu gestalten. Straub (2007, S. 109) schreibt dazu:

> „Zu den gängigen Insignien der modernen Gesellschaft zählt ihre ‚Multikulturalität'. Europäische Gemeinwesen sind, teilweise noch zögerlich und tastend, im Begriff, dieser Tatsache ins Auge zu sehen. Auch hierzulande drehen sich zahlreiche Diskurse, häufig auf das politische Problem der sozialen Integration von Migranten konzentriert, um die Tatsache der kulturell pluralen und heterogenen Verfassung unserer Gesellschaft sowie die darauf erwachsenden Anforderungen an zwischenmenschliche Kommunikation, Kooperation und Koexistenz."

Damit wird deutlich, dass Arendts Postulat eine große Aktualität besitzt und Gesellschaften sowie jeden Einzelnen vor der Herausforderung stehen, diese Multikulturalität auszuhandeln. Die Erziehungs-, Sozial- und Bildungswissenschaften stellt das vor die Aufgabe, diesen Wandel zu erfassen und zu analysieren. Dabei ist zu berücksichtigen, dass kulturelle Transformierungsprozesse nicht nur in der Aushandlung von Majoritäten und Minoritäten innerhalb territorialer Grenzen stattfinden, sondern dass aufgrund aktueller Globalisierungsprozesse neue Formen kultureller Mischungen entstehen. Welsch (1992, S. 5) spricht dabei nicht mehr von einer „Interkulturalität", sondern von einer „Transkulturalität":

> „‚Transkulturalität' will beides anzeigen: daß wir uns heute jenseits der klassischen Kulturverfassung befinden; und daß die neuen Kultur- bzw. Lebensformen durch diese alten Formationen wie selbstverständlich hindurch gehen."

Im Folgenden werde ich versuchen, diese Prozesse theoretisch auszuleuchten, und die für diese Arbeit relevanten Aspekte herausarbeiten. Dafür werde ich zuerst die Aspekte, die für eine Interkulturelle, bzw. Transkulturelle Bildung innerhalb einer sich globalisierenden Welt sprechen, aufzeigen. Anschließend werde ich aus einer theoretischen Perspektive Ansätze des Eigenen und Fremden, aus philosophischer und bildungswissenschaftlicher Sicht skizzieren.

Dann widme ich mich dem Ansatz der interkulturellen Erziehung und Bildung nach Wolfgang Nieke und dem Medienbildungsbegriff von Jörissen und Marotzki. Abschließend versuche ich beide Ansätze zu einer Definition interkultureller Medienbildung zusammenzubringen.

2.1 Interkulturelle Bildung in einer globalisierten Welt

Um die Aspekte einer interkulturellen Bildung in einer globalisierten Welt analysieren zu können, ist es m.E. nach zunächst wichtig, das Phänomen der Globalisierung im Allgemeinen kurz zu skizzieren. Beck (1997, S. 42) schreibt zum Begriff Globalisierung, er sei „sicher das am meisten gebrauchte – missbrauchte und am seltensten definierte, wahrscheinlich missverständlichste, nebulöseste und politische wirkungsvollste (Schlag- und Streit-)Wort der letzten, aber auch kommenden Jahre." Das Wort „global" wurde nach Rehbein und Schwengel (vgl. 2008, S. 11) das erste Mal 1941 von Marshall Hodgson in dem heute gebrauchten Sinne verwendet. Trygve Mathisen (1959) unterschied als erster eine „world society", die die ganze Welt und nicht-staatliche Organisationen umfasse und „international society", in der nur staatliche Akteure vertreten sind (vgl. Rehbein/Schwengel 2008, S. 11). „Damit war zum ersten Mal ein Unterschied zwischen dem Zusammenwachsen der Staaten und einem jenseits der Staaten angesiedelten Prozess der Globalisierung gezogen worden." (ebd.) Diese politische Trennung muss jedoch deutlich weiter gezogen werden, denn Globalisierung ist kein neues Phänomen in der menschlichen Geschichte, „neu sind allerdings die Zuschreibungsmuster und das Begreifen ihrer Zusammenhänge für die tägliche Existenz eines jeden Einzelnen." (Nitschke 2012, S. 9) Somit besteht interdisziplinäre Einigkeit das Globalisierung stattfindet, jedoch sind die Deutungs- und Wertungsmuster dabei sehr unterschiedlich gelagert.

> „Es kann als Konsens gelten, dass erstens am Zusammenwachsen der Welt kein Zweifel mehr besteht, dass zweitens die Welt schon seit Jahrtausenden Tendenzen zum Zusammenwachsen aufweist, dass drittens die Globalisierungsdebatten einen wichtigen Bestandteil der Globalisierung darstellen, dass viertens sich verschiedene Stränge und Bereiche von Globalisierung unterscheiden und dass fünftens die transnationalen Zusammenhänge und

Ströme neue Formen sozialer und politischer Aushandlung erfordern." (Rehbein/Schwengel 2008, S. 11)

In heutiger Form ist der Aushandlungsprozess der Globalisierung ein stark wirtschaftlich geprägter. So wird in der Literatur von einer „zunehmenden Vielfalt von internationalen Wirtschaftsbeziehungen" (Härtel et al. 1996, S. 39), von „wachsender Wirtschaftsverbundenheit zwischen Ländern" (Welfens 1990), von einer „Transformation des nationalen und globalen Kapitalismus" (Altvater/Mahnkopf 1996, S. 37) oder von einer „Denationalisierung bzw. Entgrenzung der Ökonomie" (Zürn 1998, S. 65) gesprochen. Scheer (2005, S. 6) fasst diesen ökonomisch-ideologischen Terminus der Globalisierung wie folgt zusammen:

> „Unter Globalisierung wird inzwischen vor allem die unumgängliche, irreversible und alternativlose Marktfreiheit der Unternehmen verstanden, die einer globalen Verheißung gleichkommt, in dem sie die tendenziell vollständige Entgrenzung der Wirtschaftsprozesse und damit das Ende aller einengenden staatlichen Maßnahmen in Aussicht stellt."

Beck (1997, S. 26ff) differenziert daher zwischen „Globalismus" und „Globalität". Globalismus stellt für ihn „die Auffassung, dass der Weltmarkt politisches Handeln verdrängt oder ersetzt, d.h. die Ideologie der Weltmarktherrschaft, die Ideologie des Neoliberalismus" (ebd., S. 26) dar, während Globalität die Tatsache bezeichnet,

> „dass von nun an nichts, was sich auf unserem Planeten abspielt, nur ein örtlicher begrenzter Vorgang ist, sondern dass alle Erfindungen, Siege und Katastrophen die ganze Welt betreffen und wir unser Leben und Handeln, unsere Organisationen und Institutionen entlang der Achse „global-lokal" reorientieren und reorganisieren müssen." (ebd., S. 30)

Beck macht damit deutlich, dass die Menschheit längst in einer Weltgesellschaft lebt und sich so mit den daraus hervorgehenden Konflikten und Herausforderungen konfrontiert sieht. Zu diesen Konflikten und Herausforderungen äußert sich auch Nitschke (2012, S. 11), dem die Gesamterfassung von Globalisierung unvollständig erscheint, da sie „a) mit einer ungemeinen Dynamik die Lebenswelten von Menschen und ihren Gesellschaften, Staaten, Kulturen durchfluten, b) oft in ihren faktischen Ausdrucksformen so disparat erscheinen,

dass die Sinnzusammenhänge schwer zu verorten sind." Viele Erscheinungs-
formen der Globalisierung würden nicht nur disparat, sondern geradezu kont-
rär ablaufen, was zu einem Effekt der „Gleichzeitigkeit des Ungleichen" (ebd.)
führe, so Nitschke.

> „Damit ist gemeint die paradoxe Konstellation, dass Dinge passieren, die
> sich in ihrer Logik eigentlich radikal widersprechen. [...] Die Realität der
> Globalisierung lässt sich schwerlich mit einer umfassenden Theorie begrei-
> fen. [...] Die Globalisierung tritt in ihren Erscheinungsformen zu disparat,
> zu widersprüchlich auf, als dass man sie auf eine einfache Formel (gar mit
> Alleinstellungsmerkmal) hin klassifizieren könnte." (Nitschke 2012, S. 23)

So lassen sich vorrangig in der soziologischen Literatur disparate, geradezu
dialektische Analysen der Globalisierung finden. Da ist von deregulierten,
freien Märkten auf der einen Seite und Finanz- und Wirtschaftskrisen auf der
anderen zu lesen, von Reisefreiheit und kultureller Vermischung auf der einen
und Rechtsradikalismus und Fundamentalismus auf der anderen (vgl. Wenger
2008, S. 55). Für Wenger (ebd., S. 56f.) lassen sich dennoch vier Aspekte in
der soziologischen Globalisierungsdebatte festhalten, an dem sich ihr
„Mainstream begrifflich orientiert hat:"

1. *Globalisierung kann als zunehmende Interpendenz lokal verstreuter
   Aktivitäten auf der Erde verstanden werden*
   Bezugnehmend auf Giddens (1990) geht es darum, dass zunehmend
   jeder Kontext einer fest verankerten Praktik ein globaler ist. Es geht
   um eine Zuspitzung der gesellschaftlich relevanten „time-space dis-
   tanciation" (Giddens 1990, S. 64). „Definieren läßt sich der Begriff
   Globalisierung demnach im Sinne einer Intensivierung weltweiter sozialer Beziehungen, durch die entfernte Orte in solcher Weise miteinander verbunden werden, daß Ereignisse an einem Ort durch Vor-
   gänge geprägt werden, die sich an einem viele Kilometer entfernten
   Ort abspielen, und umgekehrt." (Giddens 1996, S. 85)
2. *Globalisierung verändert die gesellschaftliche Bedeutung von Raum
   und Zeit*
   Dabei geht es um eine Raum Zeit-Kompression (vgl. Harvey 1989),
   in der aufgrund einer globalisierten Welt räumliche Entfernungen

schrumpfen und die Zeit verkürzt wird, was insgesamt zu einer „Vernichtung des Raumes führt" (Wegner 2008, S. 56).

3. *Die bislang dominierende Vorstellung, die Welt könne man in halbwegs geschlossene Räume unterteilen, wird obsolet*
   Bezugnehmend auf Beck (1986) und Albrow (1996), argumentiert Wegner (2008, S. 56f.), dass die Einheit von Nationalstaat und Nationalgesellschaft bereits zerbrochen ist und damit die Vorstellung in einander abgrenzbaren Gesellschaften zu leben.

4. *Globalisierung hat nicht nur eine objektive-materielle Dimension, sondern auch eine subjektive*
   Im vierten Aspekt geht es in Anlehnung an Robertson (1992) darum, dass materielle Veränderungen immer auch subjektive Veränderungen des Bewusstseins hervorrufen. „Globalization as a concept refers both to the compression of the world and the intensification of the consciousness of the world as a whole." (Robertson 1992, S. 8 zitiert nach Wegner 2008, S. 57)

Für Nitschke (2012, S. 12) befindet sich die Globalisierung in den letzten zehn Jahren „im Stadium ihrer Verdichtung", in der ihre Widersprüchlichkeiten immer deutlicher sichtbar würden. Die „Gleichzeitigkeit des Ungleichen" (Nitschke 2012, S. 11 und schon vorher Wulf/Merkel 2002, S. 11) erfordert von den Menschen der Gegenwart mit dieser Komplexität an gleichzeitiger Ungleichheit fertig zu werden.

> „Sie [die Menschen Anm. AdlC) nehmen an globalen Prozessen Teil, in denen sich Angleichung und Differenzierung, Differenzierung und Entdifferenzierung, Anpassung und Widerstand gleichzeitig vollziehen und in denen die Angleichung der Lebenschancen unter Beibehaltung der kulturellen Vielfalt die Aufgabe ist." (Wulf/Merkel 2002, S. 11)

Neben der Globalisierung internationaler Finanz- und Kapitalmärkte, globalen Unternehmensstrategien, der Globalisierung von Forschung und Entwicklung, globalen Netzwerken durch Informations- und Kommunikationstechnologien und globalen transnationalen politischen Strukturen, bei gleichzeitiger Abnahme des Einflusses von Nationen, sehen Wulf und Merkel (ebd., S. 12f.) vor allem Einfluss durch die Globalisierung auf die Lebenswirklichkeiten der Menschen selbst.

„Die Globalisierung von Konsummustern, Lebensstilen und kulturellen Stilen mit der Tendenz zu ihrer Vereinheitlichung. Die Ausbreitung des Einflusses der neuen Medien und des Tourismus und die Globalisierung von Wahrnehmungsweisen und Bewusstseinsstrukturen, die Modellierung von Individualität und Gemeinschaft durch die Wirkung der Globalisierung sowie die Entstehung einer Eine-Welt-Mentalität." (Wulf/Merkel 2002, S. 13)

Wulf und Merkel (ebd.) machen deutlich, dass durch das Zusammenwirken oben genannter Elemente ein neuer Bezugsrahmen für das „Verständnis des Zeitgeistes" erzeugt wird und damit Auswirkungen auf das Selbst- und Weltverhältnis des Menschen in der Gegenwart hat. Sie verdeutlichen diesen Prozess an drei ihrer Meinung nach elementaren Auswirkungen der Globalisierung auf den Menschen (Wulf/Merkel 2002, S: 13-15):

1. *Die Herauslösung des Ökonomischen aus dem Politischen*
   Die Bürger hätten laut Wulf und Merkel immer weniger Möglichkeiten der politischen Partizipation an kapitalistischen Wirtschaftsentwickelnden steuernden Entscheidungen. Die „Ideologie" des freien Marktes würde dem eigenen Vorteil der wirtschaftlichen Interessen der Eliten der großen Industrie- und Handelsnationen dienen. „Eine genaue Analyse verdeutlicht die Antinomien zwischen den parlamentarischen Demokratien mit ihren Sozialsystemen und den kapitalistischen organisierten globalen Märkten" (Wulf/Merkel 2002, S. 13-14).

2. *Globalisierung der Lebensform*
   Mit der Globalisierung würde eine Tendenz sichtbar, die darauf abziele, die Unterschiede zwischen den Regionen, Nationen und Kulturen zu „nivellieren" (ebd. S. 14). Diese Veränderungen würden jedoch nur die Oberfläche berühren, nicht aber „die kulturell geprägten Tiefenstrukturen." (ebd.) Dies führe zu Abwertungen lokaler Kulturen und ihrer Werte, sowie im Umkehrschluss zu Gegenwehr, Aggression und Feindschaft. Daher mache eine vereinheitlichte Globalisierung eine „Differenzierung der Lebensformen" (ebd.) notwendig.

3. Die Bedeutungszunahme der Bilder im Rahmen eines „iconic turn"
In Anlehnung an Heidegger (1938), der vermutete, dass die Welt zum
Bild werde und der Mensch ihr „unbeheimatet gegenüber"
(Wulf/Merkel 2002, S. 14) stehe, argumentieren Wulf und Merkel,
dass mit Hilfe der neuen Medien die Welt in Bilder verwandelt und
an allen Orten und zu jeder Zeit zugänglich werde. „In Form von Bildern und Tönen werden Informationen und Ansichten der Welt akze-
leriert und fast simultan ubiquitär zugänglich" (ebd.). Die Verbildli-
chungs- und Abstraktionsprozesse nähmen zu und führten zu verän-
derten Formen der Welt- und Selbstwahrnehmung.

Die Entwicklungen verlaufen dabei nicht linear, sondern können in ihren Er-
gebnissen widersprüchlich sein. Ungewollte Nebenwirkungen müssen dabei
ebenso eingeplant werden, wie die heterogene Dynamik, der sie unterliegen.
Wulf und Merkel (vgl. 2002, S. 15) machen jedoch auch deutlich, dass die
Menschheit dieser Entwicklung nicht fatalistisch ausgeliefert ist, sondern dass
sie sich modifizieren und steuern lässt. Die Frage sei daher, welche Prozesse
der Globalisierung wünschenswert seien und wie es gelingt, diese in der Realität umzusetzen. Dabei ist es allerdings elementar, zwischen den Prozessen der
Globalisierung und den Prozessen in der Gestaltung lokaler Lebenswelten zu
unterscheiden, da diese unterschiedliche Handlungskompetenzen erfordern
(vgl. ebd.). Auf dieser Grundlage machen die Autoren (2002, S. 15ff.) sieben
unauflösbare Spannungen der Globalisierung auf, die „zu neuen Voraussetzungen und Bedingungen von Erziehung führen."

1. Die Spannung zwischen Globalem und Lokalem
Dabei geht es um das Spannungsfeld, dass sich immer mehr Menschen als verantwortungsbewusste „Weltbürger" begreifen, ohne allerdings ihre lokale Identität dafür aufzuopfern.
2. Die Spannung zwischen Universalem und Singulärem
Kultur und Erziehung stehen vor der Aufgabe einen Ausgleich zu
schaffen zwischen der Eingebundenheit in bestimmte kulturelle Traditionen einerseits und der durch Wirtschaft, Politik und Kultur ge-
schaffenen Tendenz neue Lebensformen und -zusammenhänge zu
kreieren andererseits.

3. *Die Spannung zwischen Tradition und Modernität*
   Dabei geht es um die Frage, wie der Mensch offen für neue Entwicklung ist, ohne die eigene kulturelle Herkunftstradition in Frage zu stellen. Wichtig in diesem Zusammenhang ist auch der mediale Einfluss insbesondere der des Internets.

4. *Die Spannung zwischen langfristigen und kurzfristigen Überlegungen*
   Kurzfristige Strategien können langfristig negative Folgeerscheinungen haben und umgekehrt. Wulf und Merkel (vgl. 2002, S. 16) beziehen diesen Punkt insbesondere auf das Bildungswesen, wo Wirkungen erst nach Jahren sichtbar würden.

5. *Die Spannung zwischen notwendigem Wettbewerb einerseits und der Sorge für Chancengleichheit andererseits*
   Dabei geht es um die pädagogische Aufgabe die Anforderungen des lebenslangen Lernens mit den „antagonistischen Kräften" (ebd.) wie Wettbewerb, Kooperation und Solidarität ins Gleichgewicht zu bringen.

6. *Die Spannung zwischen der außerordentlichen Ausweitung des Wissens und den menschlichen Fähigkeiten, es zu assimilieren*
   Das Bildungswesen hat die Aufgabe im Rahmen der Anforderung neuer Wissenszusammenhänge, die persönlichen Fähigkeiten eines jeden einzelnen entfalten zu lassen.

7. *Die Spannung zwischen Geistigem und Materiellem*
   Dabei geht es um eine sinnvolle Ausbalancierung beider Bereiche, um eine für alle Menschen nützliche und sinnstiftende Gestaltung der Welt zu ermöglichen.

Die von Wulf und Merkel skizzierten Spannungen thematisieren m.E. sehr gut die Bildungs- und Erziehungsprozessen bevorstehenden und bereits existierenden Herausforderungen. Die aus den sich schnell verändernden Weltverhältnisse resultierenden Anforderungen an jeden Menschen bedürfen dabei einer kritisch reflexiven Erziehungs- und Bildungswissenschaft. Koneffke (2004, S. 237) wirft ihr vor, dass sie disziplinär isoliert sei, „angesichts der vielfachen stummen Weigerung auf den Praxisfeldern pädagogischer Reflexion, sich der hintergründigen Wirklichkeit zu stellen." Ziel im Zusammenhang von Pädagogik und Globalisierung müsse eine gesellschaftliche Praxis sein, in der die

„unhintergehbare Implikation von freier Selbsterhaltung und Gleichheit in der wechselseitigen Anerkennung menschlichen Lebens überhaupt" (ebd., S. 240) stattfindet. Der „Trieb" (ebd., S. 241) der Globalisierung sei bedingungslose Selbstunterwerfung, der eine „aufgeklärte Allheit der Individuen" entgegen zu setzten sei, die „die Bedingungen menschlicher Ordnung selbst bestimme." (ebd.) Ähnlich äußert sich auch Wulf (vgl. 2002, S. 76), der eine widersprüchliche, aber sich gegenseitig bedingende Entwicklungstendenz zwischen Individualisierung und Globalisierung sieht. Da Erziehung die Aufgabe habe, jeden Menschen dazu hinzuführen, ein selbstbestimmtes Leben führen zu können, indem er sein Leben aktiv gestaltet, konstruiert und Verantwortung übernimmt (Wulf ebd. in Anlehnung an Krüger/Marotzki 1999), werde jeder Mensch jedoch zunehmend von der nicht kontrollierbaren Globalisierung mitbestimmt. Dadurch entstehe ein Wechselverhältnis:

> „Die heutigen Formen gesteigerter Individualisierung werden erst durch die Prozesse der Globalisierung möglich; zugleich erfordern diese eine Intensivierung der Individualisierung." (Wulf 2002, S. 76)

In ähnlicher Weise postuliert Wenger (2008, S. 72), dass Erziehung auf dieser Grundlage nicht darauf festgelegt werden darf, „als untergeordnete Instanz den Vorgaben der Gesellschaft Folge zu leisten". Vielmehr müsse sie sich als „Sachverwalterin des Anspruchs eines jeden jungen Menschen auf Entwicklung seiner Möglichkeiten" (Klafki 1994, S. 50 zitiert nach Wenger 2008, S. 72) verstehen. Auch Bildungsprozesse sind in diesem Kontext „nicht mehr national, ja nicht mehr nur eurozentrisch begrenzt", sondern müssen „universal" in einem „Welthorizont" gesehen werden (Klafki 1991, S. 54). Ähnlich äußert sich Seitz (vgl. 2006, S. 67), der den jahrelang in der Soziologie dominierten Gesellschaftsbegriff von Talcott Parsons (1975) vor dem Hintergrund der Globalisierung zurückweist. Parsons habe in seiner strukturfunktionalistischen Gesellschaftstheorie an einer territorial begrenzten wie staatlich verfasstem Verständnis von Gesellschaft festgehalten. Dieses „nationale Paradigma" (Seitz 2006, S. 67) verfehle heute die Wirklichkeit der Lebenslagen besonders von Jugendlichen; er postuliert daher für einen erweiterten gesellschaftlichen Referenzrahmen im Kontext einer Weltgesellschaft:

> „Die Biografie der/des Einzelnen, wie auch der Gang gesellschaftlicher Entwicklungen, individuelle wie kollektive Lernprozesse müssen heute,

das ist hier die These, im Kontext eines erweiterten gesellschaftstheoretischen Referenzrahmens betrachtet und rekonstruiert werden, im Kontext einer Weltgesellschaft." (Seitz 2006, S. 67)

Wulf (vgl. 2002, S. 79) macht jedoch darauf aufmerksam, dass der Bedeutungsverlust von Nationalstaat und Nationalkultur nicht zur Entstehung einer neuen Weltkultur führe. Zwar würden aufgrund der Globalisierungsdynamiken „eurozentrische" (ebd.) Werte, Normen, Lebenspraktiken und Lebensstile globale Verbreitung finden, jedoch nicht einfach andere Kulturen ersetzen, sie würden aber eine kulturelle Auseinandersetzung initiieren. Dadurch würden neue kulturelle Mischungen und Konfigurationen entstehen.

Durch die Vermischung lokaler kultureller Traditionen mit denen global stattfindender Transformierungsprozesse entstehen neue Formen kultureller und sozialer Komplexität. Der Soziologe Roland Robertson (1992) hat aus diesem Grunde den Neologismus der „Glokalisierung" entworfen. Das Wort, das sich aus den Wörtern Global und Lokal zusammensetzt soll diese Vermischung von Universalem und Partikularem verdeutlichen.

Die Aufgabe für Erziehung und Bildung in dieser tiefen „kulturellen Vielfalt" (Wulf 2002, S: 80) besteht in der Entwicklung neuer „Repräsentationen des Anderen" und „neuer transnationaler Loyalitäten und Solidaritäten." (ebd.) Die Prozesse der Globalisierung durchdringen heute alle Lebensbereiche und erhöhen die Komplexität der Lebenswelten. „Über kulturelle Unterschiede hinweg bewirken diese Prozesse Ähnlichkeit, nicht jedoch Gleichheit" (Wulf 2002, S. 81). In diesem Sinne könnte ich in dieser Arbeit auch von transkultureller Bildung sprechen (in Anlehnung an Welsch 1992), da diese Begrifflichkeit der kulturellen Vielfalt und ihrer Vermischung als Reaktion auf Globalisierungsprozesse am nächsten kommt. Ich werde dennoch im Terminus der interkulturellen Bildung verbleiben, da sich die in dieser Arbeit verwendeten Theorien und Konzepte auf Interkulturalität und nicht Transkulturalität beziehen und ich so begriffliche Missverständnisse vermeiden möchte. Dennoch zeigt sich, dass in der Theorie zukünftig vielleicht besser von Transkulturalität, im Sinne einer Vermischung von Kultur, statt Interkulturalität, im Sinne eines zwischen den Kulturen, gesprochen werden sollte (siehe hierfür auch Welsch 1992, Jörissen 2002, Hepp 2006, Zirfas/Jörissen 2007).

Abschließend lässt sich festhalten, dass viele Aspekte für eine interkulturelle Bildung in einer globalisierten Welt sprechen. Insbesondere junge Menschen müssen mit Hilfe von Erziehung und Bildung Unterstützung beim Gestalten ihrer Lebensentwürfe in einer komplexen Weltgesellschaft erhalten.

„Angesichts dieser Entwicklung müssen sich Erziehung und Bildung verstärkt der Aufgabe stellen, junge Menschen dabei zu unterstützen, die durch die Ausweitung des Wissens entstehenden Ansprüche eigenverantwortlich zu handhaben und durch Wissen, Experiment und Erfahrung ihre persönlichen Fähigkeiten zu entfalten, mit der gestiegenen Komplexität des Lebens und der Lebensführung umgehen zu können." (Wulf 2002, S. 81)

Im Zuge der kulturellen Vermischung der Lebensformen, wird es daher auch immer schwieriger zwischen der eigenen und anderer, also fremder Kultur zu unterscheiden.

„In diesen Prozessen kommt es darauf an, das Fremde in der eigenen und das Eigene in der fremden Kultur wahrzunehmen und aus dieser Wahrnehmung eine kritische Perspektive auf die eigene und die fremde Kultur zu entwickeln." (Wulf 2002, S. 81)

Um Interkulturalität in dieser Arbeit genauer beschreiben zu können, werde ich mich im nächsten Abschnitt daher intensiver mit dem „Eigenen" und „Fremden" auseinandersetzen. Dabei geht es vor allem um die Frage wie kulturelle Identität im Zuge einer globalisierten Welt heute gedacht werden muss.

2.2 Das Eigene und das Fremde

Die Auseinandersetzung mit den Aspekten Interkultureller Bildung in einer globalisierten Welt kann m.E. nicht ohne die genaue Reflexion der eigenen Kultur über die Fremder, Anderer geschehen. Die Reflexion der eigenen Kultur wiederum sollte dabei in Hinblick auf Bildungsprozesse immer vom Subjekt aus gedacht werden, sodass sich daraus eine Auseinandersetzung mit der eigenen kulturellen Identität in der Auseinandersetzung mit dem Fremden ergibt. Bevor ich mich daher mit dem Fremden auseinandersetze, widme ich mich zuerst dem Eigenen, dem Subjekt und seiner Identität.

Ein Blick in die pädagogische, psychologische, soziologische und philosophische Literatur offenbart dabei die Vielschichtigkeit der Auseinandersetzung mit Identitätsbegriffen. Jörissen (2000, S. 9) fasst diese Vielfältigkeit wie folgt zusammen:

> „Von (beispielsweise) G. H. Meads Modell des in der sozialen Interaktion entstehenden ‚self' über Eriksons Begriff der Identität, Goffmans Untersuchungen zur personalen und sozialen Identität und Habermas' Gedanken der Balance-Identität bis zu zeitgenössisch verbreiteten Konzepten narrativ bzw. selbstreflexiv konstruierter Identität findet er (der Identitätsbegriff - Anmerk. AdlC) in verschiedenen Versionen Eingang in die Überlegungen zum vergesellschafteten Subjekt und eröffnet auf diesem Weg einen Zugang zu sozialpsychologischen, soziologischen und auch sozialphilosophischen Erwägungen. Die [...] Bedeutung der Identitäts-kategorie blieb jedoch nie unbestritten. Rationalitätskritische Strömungen, von Nietzsche über Heidegger, die Kritische Theorie bis zu Lacan, Foucault, Derrida, Deleuze/Guattari, der postmodernen feministischen Theorie etc. grenzten sich durch Identitätskritik vom sozialphilosophischen und sozialwissenschaftlichen Identitätsdiskursen ab."

Die von Jörissen aufgezeigte Vielfalt des Identitätsbegriffs, macht daher eine eindeutige Definition und Festlegung dessen, was Identität ist, geradezu unmöglich. „Die Identität ist, mit einem Wort, eine Wahrheit, die sich nicht mitteilt." (Zirfas/Jörissen 2007, S. 8) Im Sinne dieser Arbeit und der damit tieferliegenden Auseinandersetzung zwischen der eigenen Kultur und der fremder Kulturen macht es m.E. Sinn von einer Phänomenologie der Identität in Anlehnung an Edmund Husserl (1859 – 1938) zu sprechen. Zum einen, da Zirfas und Jörissen (2007) in ihrem Buch „Phänomenologien der Identität" nicht der Frage nach „der Identität" (ebd., S. 14), sondern der Frage nach „Problematisierungsfeldern, die als konstitutiv für den Identitätsbegriff betrachtet werden müssen" (ebd.) nachgehen und damit m.E. einen Anschluss an oben aufgezeigte Herausforderungen der Globalisierung finden. Zum anderen, da ich mich später auf die Kulturdefinition von Wolfgang Nieke beziehen werde, der seinen Kulturbegriff auf den Begriff der Lebenswelt stützt, der wiederum seine Ursprung in Husserls „Phänomenologie der Lebenswelt" (1997/1935) findet.

Phänomenologie („Erscheinungslehre") bedeutet nach Zirfas und Jörissen (2007, S. 13) in Anlehnung an Husserl:

„Eine Wissenschaft der Sachen selbst und vor allem des Bewusstseins der Sachen. Bewusstsein ist immer intentionales Bewusstsein, ist immer Bewusstsein von etwas."

Zirfas und Jörissen (2007) versuchen dabei die unterschiedlichsten Phänomene von Identität zu analysieren, zu vergleichen und zu systematisieren.

„Eine Phänomenologie der Identität zu betreiben heißt dementsprechend, eine Analytik (der Kontexte) der Selbstbeschreibungen vorzulegen, indem Gewinne und Verluste der diversen Identitätskonzeptionen bilanziert, deren Verschiebungen und Transformationen skizziert, Bedingungen und Implikationen offen gelegt und normative Ansprüche zurückgewiesen werden." (ebd., S. 15)

Dabei zeigen sie auf, das in Bezug auf aktuelle Modernisierungsprozesse heute besser von einer „fraktalen Identität" (ebd., S. 18) gesprochen werden sollte, da es keine „integrierende Gesamtvorstellung und kein transzendierendes Telos mehr für die Vielzahl der oftmals minimierten Egos gibt." (ebd.) Dementsprechend gibt es auch nicht „das" Phänomen der Identität, sondern dem Phänomen Identität liegen vielmehr eine „Fülle heterogener Selbst- und Fremderfahrungsformen zugrunde." (ebd., S. 20) Diese Erfahrungsräume sind kulturell ermöglichte und historisch gewachsene und stehen damit in einem Spannungsfeld von „Tradierung (was nicht nur die intendierte Weitergabe von Denk- und Handlungskonventionen meint, sondern auch die ‚unbewusste' Weitergabe kultureller Weltverhältnisse, die in die alltäglichen Handlungspraxen und Ritualisierungen eingelassen sind) und Transformation" (ebd., S. 20f.). Diese Selbst- und Fremderfahrungs-formen können dabei als „lebensweltliche Optionen" (ebd., S. 21) verstanden werden, deren „Grammatik" (ebd.) eine sinnerzeugende Struktur auf „komplexen historischen Adaptions-, Aufhebungs- und Verwerfungs-prozessen" erzeugen kann (ebd.).

Im Sinne dieser Arbeit ist es jedoch m.E. notwendig nicht nur Identitätskonstruktionen als Aufgabe eines einzelnen Individuums, die persönliche Identität (vgl. Krappmann 1971), zu betrachten sondern diese auch in sozialen Kontexten, als soziale Identität (vgl. ebd.) zu reflektieren. Vor dem Hintergrund interkultureller Bildungsprozesse gehe ich nicht nur vom Individuum, sondern auch den ihn umgebenen sozialen Umfeld, seinem Kulturraum, aus. Zirfas und Jörissen (2007, S. 125) schreiben dazu: „Die Identität ist kollektiv oder sie ist überhaupt nicht." Das Hineinwachsen und die Verordnung eines Individuums in eine Gesellschaft werden gemeinhin in Sozialisationstheorien untersucht (vgl. Hurrelmann 2006).

> „Sozialisation bezeichnet [...] den Prozess, in dessen Verlauf sich der mit einer biologischen Ausstattung versehene menschliche Organismus zu einer sozial handlungsfähigen Persönlichkeit bildet, die sich über den Lebenslauf hinweg in Auseinandersetzung mit den Lebensbedingungen weiterentwickelt. Sozialisation ist die lebenslange Aneignung von und Auseinandersetzung mit natürlichen Anlagen, insbesondere den körperlichen und psychischen Grundmerkmalen, die für den Menschen die ‚innere Realität' bilden, und der sozialen und physikalischen Umwelt, die für den Menschen die ‚äußere Realität' bilden." (Hurrelmann 2006, S. 16)

In heutigen modernen Gesellschaften steht der Einzelne dabei vor der Aufgabe aus einer Vielzahl von Identitäts- und Lebensweltentwürfen seine Identität „zu behaupten." (Hurrelmann 2006, S. 101 in Anlehnung an Elias 1987, S. 87) Dies ist laut Elias (ebd.) nur durch ein höheres Maß an Selbstständigkeit von Angehörigen moderner Gesellschaften möglich. Krappmann (1969) hat dafür unter Rückgriff auf den von Georg Herbert Mead begründeten symbolischen Interaktionismus ein Modell intersubjektiven Handelns entworfen, in dem die Identität des „grundsätzlich gefährdeten Individuums zwischen der Skylla absoluter Vereinzelung und der Charybdis totaler Vergesellschaftung" (Brumlik 1989, S. 769) balanciert wird. Dabei konstituiert sich die Ich-Identität in sozialen Interaktionen mit unterschiedlichsten Interaktionspartnern. Bei der Begegnung zwischen unterschiedlichen Kulturen müsse laut Krappmann (1971, S. 97) genügend Raum zur Identitätsdarstellung und zur subjektiven Interpretation gegeben werden.

> „Wenn sich zwei Menschen treffen, die aus verschiedenen Kulturen stammen und keine gemeinsame Sprache sprechen, können sie sich nicht an Normen außerhalb der aktuellen Interaktionssituation anlehnen, sondern sind allein auf in jeder Hinsicht neu zu entwerfende, versuchsweise Inter-

pretationen des Interaktionsprozesses angewiesen." (Krappmann 1971, S. 97)

Krappmann umschreibt dabei den für diese Arbeit wichtigen Begriff der Fremdheit. Erfahrungen des Fremden sind für Husserl „Zugänglichkeit des original Unzugänglichen." (1987, S. 144 zitiert nach Waldenfels 1995, S. 26) Für Waldenfels (ebd.) beginnt Fremdheit als „*Fremdheit des Ich*". Er bezieht sich dabei auf Jacques Lacans „Spiegelstadium" (1973), in dem der Spiegel nicht bloß als Abbildvorrichtung dient, sondern er eine Bild- und Bildungskraft gewinnt, „die allererst dazu beiträgt, daß ich mich als Ich konstituiere" (ebd., S. 26). Durch die Fremdheit des Ich werde der Weg zur „*Fremdheit des Anderen*" (ebd.) geöffnet. Im Antlitz des Anderen verkörpere eine „ethische Instanz," (ebd., S. 27) die sich den eigenen Möglichkeiten entzieht. Erst im letzten Schritt zeigt sich Fremdheit als Fremdartigkeit, als „*Fremdheit anderer Kulturen*" (ebd.).

Fremdheitserfahrungen können das Selbstverhältnis irritieren und hinterfragen, dabei „kommt es [...] zu einem Thematischwerden der unhinterfragten Selbstbeziehung und zu einer Dezentrierung der bislang gültigen Identität." (Zirfas/Jörissen 2007, S. 136) Für Waldenfels in Anlehnung an Husserl, ist jedoch der Ort des Fremden durch eine Schwelle vom Ort des Eigenen geschieden, so dass er „im vollen Sinne gar nicht zu erreichen" sei (Waldenfels 1997, S. 24). Aufbauend auf diese These äußert sich Kokemohr (2007, S. 27) kritisch zur interkulturellen Kommunikation unter der „gewöhnlich eine Kommunikation kulturell verschiedener, einander mehr oder weniger fremder Individuen oder Gruppen verstanden" werde und die vom Ideal geprägt sei, den Fremden, Anderen zu verstehen:

„Dabei bleibt unausgesprochen, dass das Verstehen des Fremden im Rahmen von Figuren gedacht wird, die dem eigenen Bewusstsein zugänglich sind. Zu fragen ist hier, wie ein Bezug auf Fremdes möglich ist, der das Fremde als Fremdes anerkennt, statt es vom Eigenen aus zu denken und es damit tendenziell imperialer Interpretation auszusetzen." (Kokemohr 2007, S. 27)

Wulf (2002, S. 83) antwortet auf diese Frage, dass das Verhältnis zwischen einem „Ich" und einem „Anderen" nicht als zwei geschlossene Entitäten gedacht werden kann, „sondern dass der Andere in vielfältiger Form in die Genese des Ichs eingeht."

> „Wenn die Frage nach dem Anderen die Frage nach dem Eigenen und die Frage nach dem Eigenen die Frage nach dem Anderen beinhaltet, dann sind Prozesse der Verständigung zwischen dem Fremden und dem Eigenen immer auch Prozesse der Selbstthematisierung und Selbstbildung. Wenn sie gelingen führen sie zur Einsicht in die *Nicht-Verstehbarkeit des Fremden* und bewirken Selbstfremdheit." (Wulf 2002, S. 83f.)

Mit Zunahme der „Undurchschaubarkeit der Welt" (ebd., S. 85) wächst die Verunsicherung des Einzelnen, „der die Differenz zwischen sich und dem Anderen aushalten muss." (ebd.) Um aber einen Austausch zwischen dem Eigenen und dem Fremden zu ermöglichen, spricht Wulf (2002, S. 88) von „*mimetischen Prozessen*"[3]. In diesen Prozessen geht es um eine Auseinandersetzung mit Fremdheit durch die Repräsentation eben dieser, was wiederum zu Irritation und Verunsicherung der Gegenseite führe. Daher habe diese mimetische Annährung eine „performative Seite" (ebd., S. 89). Wulf verdeutlicht dies, in Anlehnung an Taussig (1993), am Beispiel von Figurinen der Cuna, bei denen einigen Entwürfe dem Aussehen und der Kleidung der weißen Kolonisatoren ähneln.

> „Indem die Cuna durch einen mimetischen Akt Repräsentationen der Weißen in Form von Figurinen schaffen, gelingt es ihnen, die weißen Kolonisatoren zu verkleinern und ihnen ihren bedrohlichen Charakter zu nehmen." (Wulf 2002, S. 88)

Durch die Repräsentation würde es zu einer Vermischung zwischen dem Eigenen und dem Fremden kommen, zu einer „Figuration des Dazwischen" (ebd., S. 89). Diese „mimetische Bewegung" (ebd.) beinhaltet dabei Annährung und Abstand in einem. Einem „Tanz auf der Grenze zwischen Eigenem und Frem-

---

[3]   Mimesis geht auf den griechischen Dichter Aristoteles zurück und wird oft mit „Nachahmung" übersetzt (vgl. Vogt unter: http://www.uni-due.de/einladung/Vorlesungen/epik/mimesis.htm). Im Bereich der Identität setzen sich Zirfas und Jörissen (2007, S. 59ff.) intensiv mit der „mimetischen Identität" auseinander. Dabei diskutieren sie intensiv Mimesis als Begrifflichkeit für Grenz-Erfahrungen und als Aneignungsprozess.

den." (ebd., S. 90) Die Bewegung ist dabei aber ambivalent, da sie zwar zu einer Bereicherung führen, aber ebenso fehlschlagen kann (vgl. ebd.).

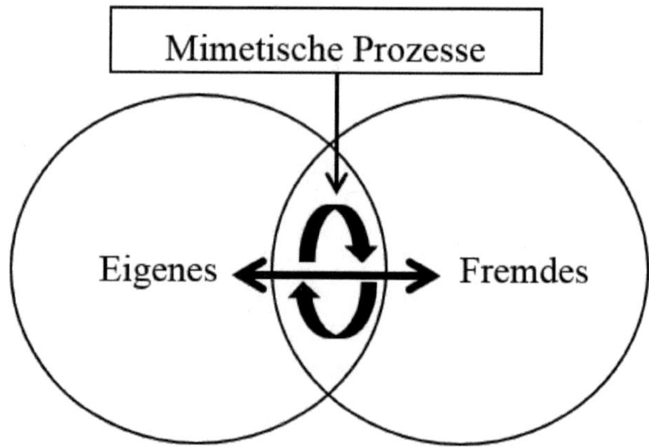

Abb. 1: Mimetische Prozesse. Eigene Darstellung nach Wulf 2002, S. 88ff.

Abschließen möchte ich diesen theoretischen Diskurs mit einem Zitat von Stuart Hall, der die Frage nach einer kulturellen Identität vor dem Hintergrund der Globalisierung aus Sicht der Cultural Studies und damit auch einem hegemonialen Diskurs insbesondere zwischen der westlichen und der restlichen Welt folgend zusammenfasst:

> „Als vorläufige Schlussfolgerung halte ich fest, dass die Globalisierung den Effekt hat, die zentrierten und ‚geschlossenen‘ Identitäten einer nationalen Kultur zu bekämpfen und zu zerstreuen. Sie hat eine pluralisierende Wirkung auf Identitäten, schafft eine Vielfalt von Möglichkeiten und neuen Positionen der Identifikation und gestaltet Identitäten positionaler, politischer, pluraler und vielfältiger sowie weniger fixiert, einheitlich und transhistorisch. Dabei bleibt ihre allgemeine Wirkung widersprüchlich: Einige Identitäten kreisen um das, was Robins ‚Tradition‘ nennt, indem sie versuchen, ihre frühere Reinheit wiederherzustellen und die verloren geglaubten Einheit-lichkeiten und Sicherheiten wiederzufinden. Andere akzeptieren, daß Identität der Geschichte, der Politik, den Spielen der Repräsentation und Differenz unterworfen ist, so daß sie nie wieder einheitlich oder ‚rein‘ sein wollen." (Hall 1994, S. 217)

2.3 Interkulturelle Erziehung und Bildung

In den vorherigen Überlegungen dieser Arbeit habe ich immer wieder auf die Termini „Bildung" und „Kultur" zurückgegriffen, ohne jedoch diese im Sinne dieser Arbeit genauer zu definieren. Da ich mich in dieser Arbeit nicht nur auf eine Bildungstheorie stütze, sondern eine Symbiose des interkulturellen Bildungsbegriffs nach Nieke (2008) und der strukturalen Medienbildungstheorie von Jörissen und Marotzki (2009) anstrebe, werde ich mich zunächst dem Ansatz der interkulturellen Erziehung und Bildung von Wolfgang Nieke (2008) widmen, in der er eine im Sinne dieser Arbeit m.E. nach sinnvolle Definition von „Bildung" und „Kultur" beschreibt. Das Konzept von Nieke ist, zum einen wegen seiner Nähe zum Bildungsbegriff von Jörissen und Marotzki, zum anderen wegen seines interkulturellen Ansatzes, für meinen empirischen Teil interessant. Nieke (2008, S. 31f.) definiert Bildung in Abgrenzung zum Erziehungsbegriff wie folgt:

> „Dafür (Zur Begriffsbestimmung - Anmerk. AdlC) kann angeknüpft werden an der in der Pädagogik [...] geläufigen Vorstellung, dass jeder neu heranwachsende Mensch die Leistung zu erbringen hat, zum Subjekt zu werden. Dieser Prozess wird als grundsätzlich eigentätig gedacht, also als nicht vollständig determiniert durch Außeneinflüsse wie Sozialisation und Erziehung. Diese Leistung aus eigenem Vermögen und in eigener Freiheit wird als Bildung bezeichnet. Eine so verstandene Bildung führt zur Konstituierung der Persönlichkeit und der Herausbildung eines subjektiven Bewusstseins von der je einzigartigen Individualität. Bildung in diesem Sinne kann durch die Arrangements der Erwachsenen (die Erziehung) nur angeregt, gestützt und in Maßen gelenkt werden, ist aber grundsätzlich unverfügbar und verbleibt in der Verantwortung des Einzelnen."

Gegenüber dem intentional geleiteten Erziehungsbegriff ist Bildung laut Nieke ein nicht (bzw. nur teilweise) von außen steuerbarer Prozess, sondern obliegt vorrangig in der Leistung des jeweiligen Individuums. Nieke nimmt in seiner Formulierung junge, heranwachsende Menschen in den Fokus, betont jedoch, dass interkulturelle Erziehung und Bildung als Aufgabe von Allgemeinbildung und damit für Heranwachsende wie Erwachsende konzeptualisiert sind (vgl. ebd., S. 69). Interkulturelle Erziehung, von außen an das Individuum herangetragen, und Bildung, als Eigenleistung des Individuums, zielen gemeinsam auf eine „eigentätige Erarbeitung einer Position in der pluralistischen Welt vielfältiger Lebens- und Wertorientierung ab" (ebd., S. 32). Im Konzept überschneiden sich dabei beide Termini, „es gib jedoch spezifische Akzentuierungen vor allem auf diesen Bereich der Eigentätigkeit, die als Interkulturelle Bildung gekennzeichnet werden sollen." (Nieke 2008, S. 32)

Seinen Kulturbegriff leitet Nieke (vgl. 2008, S. 46ff.) zum einen aus der empirischen Kulturwissenschaft, mit Rückgriff auf Goodenough (1963), Loch (1969), Rey (1979) und Hohmann (1983), zum anderen aus der phänomenologischen Soziologie, mit Rückgriff auf Hussel (1997/1935), Schütz (1932), Schütz/Luckmann (1979), Kopperschmidt (1980) und Habermas (1981), her.

> „Kultur ist die Gesamtheit der kollektiven Orientierungsmuster einer Lebenswelt (einschließlich materieller Manifestation)." (Nieke 2008, S. 50)

Der Lebensweltbegriff greift dabei auf Alfred Schütz (1932) und Schütz/Luckmann (1979) zurück, „und meint die Gesamtheit der fraglosen Gewissheiten des Alltags bei der Orientierung in der physischen und sozialen Umwelt" (Nieke 2008, S. 51). Die Gewissheiten sind dabei so selbstverständlich, dass sich der Einzelne dabei ihrer gar nicht bewusst ist und eine Bewusstwerdung erst dann werden kann, „wenn sie durch eine Konfrontation mit ihrer offenbaren Unzulänglichkeit bei ihrer Aufgabe der Orientierungs- und Handlungssicherheit oder mit der Gewissheit aus einer anderen Lebenswelt als bisher selbstverständliche Gewissheit aufscheinen" (ebd.). Bei einer Konfrontation wird zuerst versucht die bestehende lebensweltliche Gewissheit zu behaupten und zu bewahren; wenn dies jedoch misslingt, werden neue Orientierungsgewissheiten an die Stelle der bisherigen gesetzt „und versinken alsbald wieder in die Sphäre des dem Bewusstsein entzogenen Selbstverständlichen und Gewissen der Lebenswelt." (ebd.) Nieke (vgl. 2008, S. 51f.) zieht den Lebensweltbegriff heran, um die Phänomene des Ethnozentrismus und der Feindseligkeit im Kontakt unterschiedlicher Kulturen genauer fassen zu können. „Er eignet sich in besonderer Weise dazu, die Gewissheit zu erklären, mit der innerhalb von Kulturen elementare Deutungen für die einzig möglichen und wahren erklärt werden können." (ebd., S. 52)

Den Begriff der Orientierungsmuster, den Nieke (2008, S. 53ff) mit Deutungsmustern gleichsetzt, leitet er vom Zusammenhang von Lebenswelt und Deutungsmuster in Habermas' Theorie des kommunikativen Handelns ab.

„Wenn wir nur die bewusstseinsphilosophischen Grundbegriffe aufgeben, in denen Husserl die Lebensweltproblematik behandelt, können wir uns die Lebenswelt durch einen kulturell überlieferten und sprachlich organisierten Vorrat an Deutungsmustern repräsentiert denken." (Habermas 1981, Bd. 2, S. 189 zitiert nach Nieke 2008, S. 55)

Ein in dieser Weise verwendeter Begriff des Deutungsmusters stellt dabei das menschliche Handeln und nicht Verhalten in den Vordergrund. „Handlung ist, anders als Verhalten, eine menschliche Äußerung in die Welt hinein, die von einem Sinn geleitet wird." (Nieke 2008, S. 55)

„Der jeweils einer Handlung unterlegte Sinn ist von einem anderen Individuum nur zu erschließen durch den Vorgang des Verstehens. Grundlage für dieses Verstehen ist, dass beide, der Handelnde und der Verstehende, über Deutungen verfügen, die miteinander in Zusammenhang gebracht werden können. Solche jeweils situativen Deutungen einer Handlung basieren auf individuellen Deutungsmustern, die zumeist, aber nicht vollständig identisch sind mit kollektiven Deutungsmustern, d. h. solchen, die von einem Kollektiv geteilt werden." (Nieke 2008, S. 55f.)

Individuelle Deutungsmuster entwickeln sich aus Bildungs- und Sozialisationsprozessen heraus (vgl. ebd., S. 56). In diesen Prozessen werden allerdings meistens schon in der Welt vorhandene Deutungsmuster übernommen. Diese schon vorhandenen Deutungsmuster sind für Nieke (2008, S. 56) kollektive Deutungsmuster.

„Die individuellen Deutungsmuster werden in aktiver Aneignung und Auseinandersetzung mit den vorgefundenen und zu übernehmenden kollektiven Mustern der Welt- und Handlungsorientierung als Varianten dieser kollektiven Muster umgeformt und weiterentwickelt." (Nieke 2008, S. 56)

Nieke (vgl. ebd., S. 57) argumentiert, dass diese Auslegung von kollektiven Deutungsmustern teilweise Anschluss an den aus der Antike stammenden Begriff der „Topik" findet. Topik meint nach Kopperschmidt (1980, S. 130), die „sowohl funktionale Leistung eines allgemeinen präreflexiven Verständigtseins [...]" als auch „die gesellschaftlich verorteten und entsprechend differenzierten Strukturierungsmuster sozialer Erfahrung (‚soziale Topik')." Das „präreflexive Verständigtsein" (Nieke 2008, S. 57 in Anlehnung an Kopperschmidt

1980, S. 130) findet in dieser Auslegung Anschluss an den von Nieke verwendeten Lebensweltbegriff:

> „Menschen orientieren sich stets in der Welt unvermeidlich auf dem Hintergrund eines lebensweltlich vermittelten und gewiss zur Verfügung stehenden Orientierungswissens, ohne dass ihnen dies reflexiv bewusst ist und bewusst sein kann, wenn es nicht durch ein Fragwürdigwerden der Orientierungsleistung dieses Wissens überhaupt erst als solches bemerkbar wird. Insofern entspricht ein solcher Begriff von Topik ziemlich genau dem, was hier mit *kollektivem Deutungsmuster* bezeichnet wird." (Nieke 2008, S. 57, Hervorhebung im Original)

Materielle Manifestation bedeutet für Nieke (2008, S. 64), dass Deutungsmuster nicht nur „in der psychischen Realität von lebendigen Individuen" existieren, sondern vor allem auch in ihrer materiellen Verwirklichung (z.B. in der Kunst, Architektur etc.).

> „Diese materiellen *Manifestationen* sind jedoch keine Realität sui generis; sie erhalten ihren Sinn allein dadurch, dass sie ein bestimmtes Deutungsmuster verkörpern und Betrachtern sinnlich zugänglich machen, auch über die konkrete Existenz des erzeugenden Individuums hinaus. Dieser Sinn kann ihre Funktion sein, geht aber meist darüber hinaus." (Nieke 2008, S. 64, Hervorhebung im Original)

Nieke (ebd., S. 64f.) argumentiert, dass er, obwohl viele Autoren den Terminus „Deutungsmuster" verwenden, seinen Kulturbegriff mit „Orientierungsmuster" in Zusammenhang setzt, da so der Akzent darauf gelegt werden soll, „dass nicht etwas Vorgegebenes interpretiert, gedeutet wird, sondern dass viele der anzusprechenden Kognitionen selbstständige Konstruktionen der Person sind, die zum Teil individuelle Bedeutung haben, zum größten Teil jedoch von anderen übernommen worden sind und mit ihnen geteilt werden." (ebd.)

Aufbauend auf die von Nieke definierten Begriffe von Erziehung, Bildung und Kultur, entwickelt er ein Konzept Interkultureller Erziehung und Bildung, dessen Ziel interkulturelle Handlungskompetenz darstellt (vgl. ebd., S. 71ff). Interkulturelle Handlungskompetenz enthält „die Anforderung, achtungsvoll, einfühlsam und kundig auf kulturelle oder lebensweltliche Differenzen von Kommunikations- und Handlungspartnern eingehen zu können." (ebd., S. 72)

Das schließt dem Umgang mit Angehörigen von Minderheiten im Inland, wie auch den Umgang mit Fremden im Ausland mit ein. "Interkulturelle Kompetenz hat also eine immigrationsorientierte und eine emigrationsorientierte Seite, und beide sind in den Wissens- und Handlungsanforderungen durchaus verschieden voneinander." (ebd.)

Abschließend entwickelt Nieke (2008, S. 73ff.) zehn Ziele Interkultureller Erziehung und Bildung als ein integriertes Konzept (in der Reihenfolge zunehmender Voraussetzungen):

1. Erkennen des eigenen, unvermeidlichen Ethnozentrismus
2. Umgehen mit der Befremdung
3. Grundlegen von Toleranz
4. Akzeptieren von Ethnizität; Rücksichtnehmen auf die Sprachen der Minoritäten
5. Thematisieren von Rassismus
6. Das Gemeinsame betonen, gegen die Gefahr des Ethnizismus
7. Ermuntern zur Solidarität; Berücksichtigen der asymmetrischen Situation zwischen Mehrheit und Minoritäten
8. Einüben in Formen vernünftiger Konfliktbewältigung – Umgehen mit Kulturkonflikt und Kulturrelativismus
9. Aufmerksam werden auf Möglichkeiten gegenseitiger kultureller Bereicherung
10. Thematisieren der Wir-Identität: Aufheben der Wir-Grenze in globaler Verantwortung oder Affirmation universaler Humanität?

Dieses Konzept wird hier der Vollständigkeit halber aufgenommen, jedoch wird aufgrund seiner intentionalen Grundauslegung m.E. eher einer erzieherischen denn bildungsbegrifflichen Handhabung gerecht und spielt für diese Arbeit, die mit dem Begriff einer Interkulturellen Medienbildung arbeitet, daher eine untergeordnete Rolle.

2.4 Medienbildung

Nach der Klärung des Terminus der Interkulturellen Bildung, widme ich mich nun der Definition des Begriffs der Medienbildung, um dann im darauf anschließenden Unterkapitel eine Symbiose der vorgestellten Theorien im Sinne einer Interkulturellen Medienbildung vorzustellen. Die hier vorgestellte Medienbildungstheorie basiert auf der strukturalen Bildungstheorie (vgl. Marotzki 1990) und grenzt sich dadurch von anderen Konzepten ab, die Jörissen (2011, S. 213) einmal dem Bildungsverständnis des „standardisier- und evaluierbaren Outputs des Bildungswesens" und einmal dem Bildungsverständnis des erzielbaren Ergebnisses „vorangegangener individueller Lernprozesse" zuschreibt. Der im Sinne einer strukturalen Medienbildungstheorie verwendete Bildungsbegriff basiert zum einen auf dem von Humboldts (1767-1835), der vor allem in der Beschäftigung mit anderen Sprachen eine Flexibilisierung der eigenen Welt- und Selbstbezüge sieht.

> „Die Erlernung einer fremder Sprache sollte daher die Gewinnung eines neuen Standpunktes in der bisherigen Weltsicht sein, da jede das Gewebe der Begriffe und der Vorstellungsweise eines Teils der Menschheit enthält. Da man aber in eine fremde Sprache immer mehr oder weniger seine eigene Welt, ja seine eigene Sprachansicht hinüberträgt, so wird dieser Erfolg nie rein und vollständig empfunden." (Humboldt 1827-1829, S. 225 zitiert nach Jörissen/Marotzki 2009, S. 13)

Durch diese Flexibilisierung wird der Mensch in die Lage versetzt sich vom eigenen, kulturell vermittelten Wertehorizont zu distanzieren und so neue Sinn- und Bedeutungshorizonte zu erschließen, sei es in Bezug auf eine fremde oder die eigene Kultur (vgl. Jörissen/Marotzki 2009, S. 13).

Zum anderen basiert der Bildungsbegriff auf den Überlegungen von Klafki (1985), der in drei zentralen Fähigkeiten, der Fähigkeit zur Selbstbestimmung, zur Mitbestimmung und zur Solidarität, Punkte ausmacht, die in seinem Sinne Bildung darstellen (vgl. Jörissen/Marotzki 2009, S. 14). Zusammenführend beschäftigt sich die strukturale Bildungstheorie nach Marotzki (vgl. 1999, S. 59) mit der reflexiven Verortung des Menschen in der Welt:

> „Zum einen hinsichtlich der Bezüge die er zu sich selbst entwickelt (Selbstreferenz) und zum anderen hinsichtlich der Bezüge die er auf die Welt entwickelt (Weltreferenz). Bildung ist aus dieser Perspektive der Name für den reflexiven Modus des menschlichen In-der-Welt-Seins." (Marotzki 1999, S. 59)

In modernen Gesellschaften stehen Menschen vor der Aufgabe mit einem hohen Grad an Kontingenz und Unbestimmtheit umgehen zu müssen (vgl. Jörissen/Marotzki 2009, S. 16). „*Kontingenz* heißt in diesem Zusammenhang, dass die Zufälle, die einem Individuum im Leben begegnen, nicht mehr durch umgreifende Orientierungsmuster mit Sinn versehen werden können" (ebd., Hervorhebung im Original). Erfahrungen von Zufällen im Leben, z.B. in Form von Unfällen, Schicksalsschlägen etc., fordern also dem Individuum einen hohen Grad an Flexibilität ab, um diese in ein für den einzelnen sinnvolles Orientierungskonstrukt integrieren zu können. Ebenso verhält es sich bei Unbestimmtheits- und Fremdheitserfahrungen. Dabei gehen Jörissen und Marotzki (ebd., S. 19f.) davon aus, dass auf Grund der komplexen zeitdiagnostischen Bedingungen der Mensch mit „Unbestimmtheit *als* solcher" zurechtkommen muss. Unbestimmtheitserfahrungen können heute dabei nicht mehr subsumiert werden, d.h., dass das eigene Weltbild nicht mehr als allgemeiner Ausgangpunkt genommen und Fremdheitserfahrungen diesem nach bestehenden Regeln untergeordnet, „passend gemacht" (ebd., S. 19) werden können. Stattdessen müssen sie als Suchprozess verstanden werden, bei der „die *Relativität und Vorläufigkeit der eigenen Weltsicht*" (ebd., Hervorhebung im Original) von Anfang an enthalten ist und bei der für jede neue Unbestimmtheitserfahrung, neue Regeln gesucht werden müssen. Jörissen und Marotzki (ebd.) bezeichnen die für ein solches Selbst- und Weltverhältnis konstituierende Suchbewegung als Tentativität.

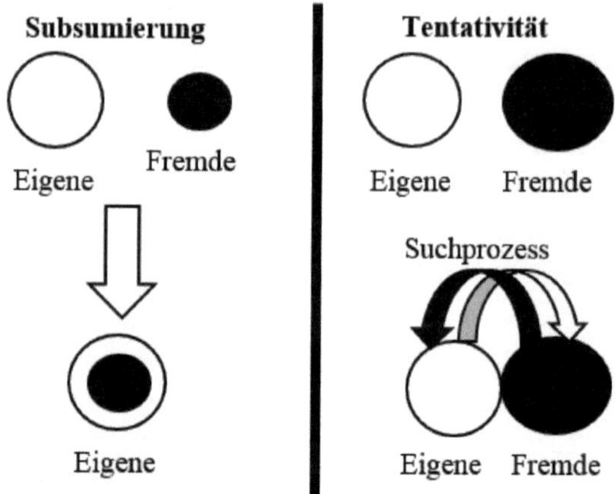

Abb. 2: Subsumierung versus Tentativität.
Eigene Darstellung nach Jörissen/Marotzki 2009, S. 18ff.

Der reflexive und flexible Umgang des Menschen mit seinen Selbst- und Weltverhältnissen machen deutlich, dass Bildung im Sinne von Jörissen und Marotzki immer als Prozess verstanden werden muss. Somit ist Bildung kein zu erreichendes Ergebnis oder zu erreichender Zustand, sondern ein Prozess, „in welchem vorhandene Strukturen und Muster der Weltaufordnung durch komplexe Sichtweisen auf Welt und Selbst ersetzt werden." (Marotzki/Jörissen 2010, S. 19 in Anlehnung an Marotzki 1990)

Bildungsprozesse zielen laut Jörissen und Marotzki (vgl. 2009, S. 22) auf die Herstellung von Unbestimmtheit ab, benötigen dazu allerdings ein hohes Maß an Bestimmtheit, von beiden als Orientierungswissen bezeichnet. Um die Steigerung von Lern- zu Bildungsprozessen und damit die Steigerung von Orientierungswissen zu Herstellung von Unbestimmtheit zu verdeutlichen, rekurrieren sie (ebd., S. 22ff.) das Lernmodell (unterschieden in vier Stufen: Lernen 0 bis Lernen 3) von Gregory Bateson (1964) und formen es zu einem Lern- und Bildungsmodell (unterschieden in Lernen I und II, sowie Bildung I und II) um.

Lernen I	Bezeichnet dabei einfache Reiz- Reaktionsschemata
Lernen II	Bezeichnet Reizreaktionsschemata unter Hinzuziehung des Kontextes

Bildung I   Bildung von Prinzipien zur Konstruktion der Welt-
                     aufordnung, diese können weder wahr noch falsch sein
Bildung II   Selbstbeobachtung der eignen Selbst- und Welt-verhältnisse

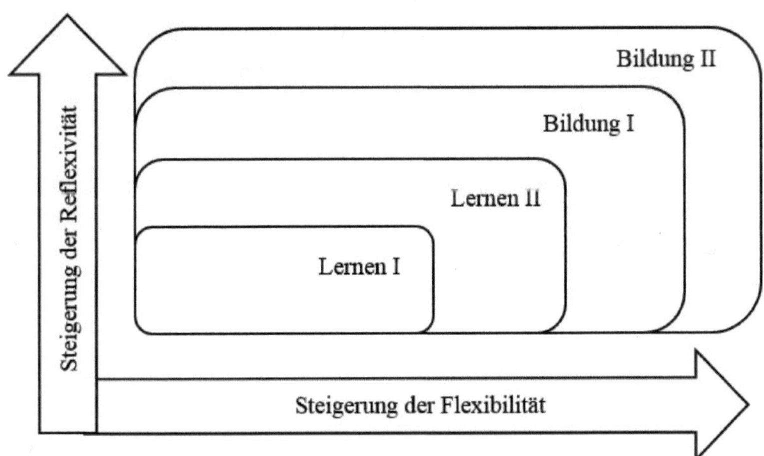

Abb. 3: Lern- und Bildungsprozesse.
Eigene Darstellung nach Jörissen/Marotzki 2009, S. 22ff.

Moderne Gesellschaften kennzeichnet die Problemlage viel Faktenwissen zu produzieren, aber nicht genügend Orientierungswissen, um sich in einer immer komplexer werdenden Welt zurecht-zu-finden (Jörissen/Marotzki 2009, S. 29 in Anlehnung an Mittelstrass 2001).

„Menschen müssen angesichts der medial vermittelten Informations-vielfalt (*information overload*) Wissen für sich aufbauen, um handeln und um sich in einer komplexer werdenden Welt orientieren zu können." (Jörissen/Marotzki 2009, S. 29)

Ausgehend von der Frage wie Orientierungswissen in Bildungsprozessen „fruchtbar" (ebd, S. 31) gemacht werden kann, skizzieren sie „vier Dimensionen lebensweltlicher Orientierung" (ebd.), aufbauend auf Immanuel Kants (1800) Logik.

1. Was kann ich wissen? (Wissensbezug) – Dabei geht es um die kriti-sche Auseinandersetzung mit Wissen an sich. Was muss, kann und sollte heute noch gewusst werden.
2. Was soll ich tun? (Handlungsbezug) – Diese Dimension bezieht sich auf die Verantwortung des eigenen Handelns, insbesondere nach dem immer weiter verschwindenden tradierten Begründungs-mustern.
3. Was darf ich hoffen? (Grenzbezug) – Dabei geht es um die Grenze zwischen Rationalität und Irrationalität, kurz um transzendente Bezü-ge.
4. Was ist der Mensch? (Biographiebezug) – Auf die letzte Dimension laufen alle drei vorhergehenden hinaus: Wie verordnet sich der Mensch in der sich ihm umgebenden Welt? Es geht also um die Frage der Identitätsbildung.

Medien spielten bei der Generierung von Orientierungswissen eine große Rolle, da „sie als Ort der Manifestation und Artikulation von Weltsichten grundsätzlich ein Moment der Entäußerung (und damit der Distanzierung) beinhalten" (Marotzki/Jörissen 2010, S. 20).

„Komplexe mediale Formate wie etwa der Film beinhalten ebenfalls ein hohes reflexives Potenzial, indem sie etwa Fremdheitserfahrungen inszenieren, nachvollziehbar und reflektierbar machen, indem sie Biographisierungsweisen thematisieren, ethische Paradoxa verhandeln, usw." (ebd. S. 27)

Die Aufgabe einer Medienbildungsforschung besteht darin, die Potenziale medialer Räume zu reflektieren und mediale Artikulationsformen „im Hinblick auf die genannten Orientierungsleistungen und –dimensionen analytisch zu erkennen und ihren Bildungswert einzuschätzen." (ebd., S. 28f.) Zusammenfassend definieren Jörissen und Marotzki den Medienbildungsbegriff wie folgt:

„Wir verstehen unter Medienbildung in diesem Sinne die in und durch Medien induzierte strukturale Veränderung von Mustern des Welt- und Selbstbezugs." (Marotzki/Jörissen 2008, S. 109)

2.5 Interkulturelle Medienbildung

Oben habe ich versucht Aspekte aufzuzeigen, die für eine Auseinandersetzung mit Interkultureller Bildung im Kontext einer globalisierten Welt sprechen. Dabei wird m.E. deutlich, dass Begriffe wie Kultur und Identität heute nicht mehr strikt territorial und temporär unabhängig voneinander gedacht werden können. Sie bedürfen dabei einer prozesshaften Auseinandersetzung mit dem Eigenen und dem Fremden (vgl. Wulf 2002, S. 81). Wulf (ebd., S. 88) spricht dabei von „mimetischen Prozessen". Die prozesshafte Auseinandersetzung macht deutlich, dass es so etwas wie „Fremdverstehen" nicht geben kann, da etwas, wenn es verstanden ist, nicht mehr fremd ist. Kokemohr (2007, S. 23) lehnt daher auch den Begriff der interkulturellen Kommunikation ab und schlägt stattdessen den Begriff der „transkulturellen Bezugnahme" vor. Er lehnt den Terminus „inter" in diesem Zusammenhang ab, da er für ihn in diesem Zusammenhang für „Gleichzugänglichkeit verschiedener Kulturen" (ebd.) steht.

Das Verstehen des Fremden wird auch von Jörissen und Marotzki (2009, S. 19) abgelehnt, dafür kritisieren sie Friedrich Schleiermacher (1838) mit eigenen Worten:

„Am Fremden müsse immer etwas Vertrautes auffindbar sein, ansonsten sei Verstehen nicht möglich, weil es keinen Anknüpfungspunkt geben könne. Nach unserer Ansicht gerät man damit in einen Selbstwiderspruch: Denn wenn das Fremde in diesem Sinne verstanden worden ist, ist es ja bereits nicht mehr das Fremde, sondern der Verstehensprozess hat es uns zum Vertrauten gemacht." (Jörissen/Marotzki 2009, S. 19)

Dennoch möchte ich in dieser Arbeit mit dem Begriff „inter" arbeiten, allerdings nicht um das Fremde zu verstehen, sondern im Sinne eines „Ermöglichen von Fremdheitserfahrungen". In Anlehnung an Schleier-macher bedeutet dies, dass am Fremden etwas Vertrautes auffindbar sein muss, um Fremdheitserfahrungen zu ermöglichen. Das „inter" stellt für mich in diesem Zusammenhang keine „Gleichzugänglichkeit" (Kokemohr) dar, sondern das Berühren zwischen dem Eigenen und dem Fremden überhaupt. Meinem Erachten nach können erst durch die Berührung zwischen dem Eigenen und dem Fremden „mimetische Prozesse" (Wulf) oder tentative Suchprozesse (Jörissen/Marotzki) ausgelöst werden.

Um nun die für diese Arbeit verwendete Begriffsbestimmung der „Interkulturellen Medienbildung" vorzunehmen, wiederhole ich kurz die verwendeten Definitionen:

Inter: Bedeutet in diesem Zusammenhang, wie eben aufgezeigt, ein Ermöglichen von Fremdheitserfahrungen.

Kultur: Explizit nach Nieke (2008, S. 50): „Kultur ist die Gesamtheit der kollektiven Orientierungsmuster einer Lebenswelt (einschließlich materieller Manifestation)."

Medienbildung: Explizit nach Marotzki/Jörissen (2008, S. 109): „Die in und durch Medien induzierte strukturale Veränderung von Mustern des Welt- und Selbstbezugs."

Die Ansätze von Nieke und Jörissen/Marotzki können sich meiner Meinung nach ergänzen, da sich beide auf einen phänomenologischen Begriff der Lebenswelt beziehen und damit in der Denktradition Husserls, Schütz' und Luckmanns stehen. Die Definition der Kultur von Nieke ziehe ich in dieser Arbeit wegen der meiner Meinung nach fehlenden Definition von Kultur bei Jörissen und Marotzki heran. Ich sehe es im Sinne dieser Arbeit als wichtig an einen klar definierten Kulturbegriffs zu verwenden um Missverständnissen und Fehlinterpretationen vorzubeugen. Die von mir vorgenommene Erweiterung des Medienbildungsbegriffs verzerrt dabei meiner Meinung nach nicht die Hauptintention von Jörissen und Marotzki, sondern macht sie, so hoffe ich, im Sinne dieser Arbeit und im Sinne interkultureller Analysen eindeutiger. Der von mir so verwendete Interkulturelle Medienbildungsbegriff grenzt sich dabei von anderen Definitionen ab. Als Beispiele seien hier genannt Aufenanger (vgl. 2002, S. 45) im Sinne einer interkulturellen Medienerziehung oder Niesyto (vgl. 2011, S. 311f.) im Sinne einer Pädagogik der Vielfalt und darin enthaltender aktiver Medienarbeit. Beide Ansätze fokussieren dabei einen eher intentionalen erzieherischen Bildungsbegriff. Um Bildung im Sinne eines „reflexiven Modus des menschlichen In-der-Welt-Seins" (Marotzki 1999, S. 59) zu verwenden, um so einen für diese Arbeit tauglichen Begriff der Interkulturellen Medienbildung anwendbar zu machen, definiere ich den Begriff wie folgt:

Das Ermöglichen der Infragestellung der kollektiven Orientierungs-muster der eigenen Lebenswelt, durch die in und durch Medien induzierten und ermöglichten Fremdheitserfahrungen, insbesondere durch die Inszenierung kollektiver Orientierungsmuster einer anderen Lebenswelt und dadurch der strukturalen Veränderungen des Selbst- und Weltverhältnisses.

3. Dokumentarfilme für Kinder

Im vorangegangenen Kapitel ging es darum, zum einen die Aspekte, die für eine Interkulturelle Bildung innerhalb einer globalisierten Welt sprechen, aufzuzeigen und zum anderen darauf aufbauend eine Theorie der Interkulturellen Medienbildung zu entwickeln, bei der die interkulturellen Bildungsprozesse medial geprägt sind. Da diese Arbeit Dokumentarfilme als empirisches Material verwendet, ist es, bevor ich mich dem empirischen Teil zuwende, ‚m.E. notwendig einen kurzen Überblick über den Dokumentarfilm im Allgemeinen und den Dokumentarfilm für Kinder im Besonderen zu geben, da sich das Genre des Dokumentarfilmes in Anspruch und Wahrnehmung von fiktionalen Filmen unterscheidet. Dazu stelle ich im Folgenden zuerst kurz den Diskurs über die Theorie des Dokumentarfilmes vor, in dem vor allem der Aspekt von Wahrheit versus Manipulation im Dokumentarfilm diskutiert wird. Darauf folgend widme ich mich dem Dokumentarfilm, der die Darstellung von Fremdheit thematisiert und daher im Sinne dieser Arbeit einen wichtigen Aspekt darstellt. Abschließend skizziere ich Überlegungen zum Dokumentarfilm für Kinder, der insbesondere einen pädagogischen Anspruch enthält.

3.1 Theorie des Dokumentarfilmes

Die Verwendung bzw. Einführung des Begriffs „documentary", auf den der Begriff des Dokumentarfilmes aufbaut, wird John Grierson zugeschrieben, der ihn 1926 in einer Filmkritik in der New York Sun als „the creative treatment of actuality" definierte (vgl. Hardy 1981, S. 23ff.). Hattendorf (vgl. 1999, S. 43) macht jedoch darauf aufmerksam, dass schon vorher der Begriff im Französischen für die Bezeichnung von Reisefilmen verwendet wurde. Folgt man der Herleitung des Begriffs aus dem lateinischen „documentum", was für „Beweis" und „Beglaubigung" steht und im juristischen als „Beweis dienendes Schriftstück"[4] gehandhabt wird, so müsste der Dokumentarfilm als ein Beweis für etwas dienen, im Sinne Griersons als Beweis für die aktuelle Wirklichkeit.

---

[4]   Siehe dazu http://de.wikipedia.org/wiki/Dokument am 14.03.2013

Der Zusatz des kreativen Umgangs mit der aktuellen Wirklichkeit verdeutlicht dabei die Schwierigkeit, die mit einer genauen Definition des Dokumentarfilmes einhergeht.

> „Ein Dokumentarfilm könnte sein der sichtbar und hörbar gemachte Dialog eines Autors mit der Wirklichkeit, mit anderen Menschen, mit Orten, mit Erinnerungen. Sichtbar, selbst wenn man ihn –den Autor– nicht sieht, hörbar, selbst wenn man ihn nicht hört. Dokumentarfilm ist nicht die Realität 1:1, aber Dokumentarfilm ist auch nicht die reine Fiktion, die reine Manipulation. Es ist etwas dazwischen und deshalb entzieht er sich immer wieder der Definition." (Hübner 1999, S. 37)

Hattendorf (1999, S. 46) führt daher in Anlehnung an Vaughan (1976) den Begriff bzw. die Kategorie des Putativen ein, dieser soll dabei die Lücke zwischen intendiertem (Seite des Produzenten) und vermuteten Realitäts-gehalt (Seiten des Rezipienten) schließen.

> „The putative event is the pro-filmic event as it would occur had the camera and crew not been present". (Vaughan 1976, S. 25 zitiert nach Hattendorf 1999, S. 46)

Aus Sicht von Hattendorf (ebd.) leistet der Begriff des Putativen dabei drei wesentliche Bestimmungen zum Realitätsbezug von Dokumentarfilmen:

> „a) Er macht nachdrücklich deutlich, daß es eine nichtfilmische Realität nicht mehr gibt, sobald eine Kamera einen Wirklichkeitsausschnitt einrahmt (*cadre*).
>
> b) In ihm vermittelt sich die Einsicht, daß es in der Rezeption von Dokumentarfilm um das geht, ,was wir als ,authentisch' anerkennen (Kanzog 1991, S. 65), d.h. als vermutete nichtfilmische Wirklichkeit erschließen.
>
> c) Er bietet ein Beschreibungsmodell für die Differenz zwischen nichtfilmischer und vorfilmischer Wirklichkeit und vermag darüber hinaus, den Begriff des Nichtfilmischen rezeptionsästhetisch adäquat zu fassen."

Die Begrifflichkeiten von nichtfilmischer und vorfilmischer Wirklichkeit leitet Hattendorf (ebd., S. 45) von Hohenberger (1988, S. 29) ab. Hohenberger (ebd.) trennt dabei in nichtfilmische, vorfilmische, filmische und nachfilmische Realität. Für den Dokumentarfilm ist dabei die filmische Realität spezifisch, da es um die Struktur des „jeweiligen filmischen Textes" geht (Hattendorf 1999, S. 45). Die nachfilmische Realität bezeichnet die Rezeptionssituation. Für den Dokumentarfilm elementar ist dabei die Unterscheidung zwischen nichtfilmischer und vorfilmischer Realität (vgl. ebd.). Denn genau an der Unterscheidung zwischen der gewählten und der nicht gewählten Wirklichkeit schreibt sich der filmische Diskurs ein und soll als solcher „von den Rezipienten decodiert werden." (ebd., S. 46) Klöpping (2004) visualisiert die vier Realitäten in Anlehnung an Hohenberger (1988) folgendermaßen:

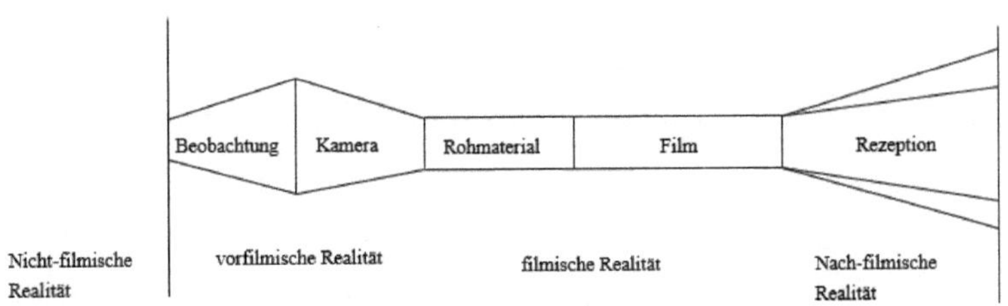

Abb. 4: Filmische Realitäten nach Hohenberger (1988).
Darstellung von Klöpping 2004, S. 108.

Die vom Filmemacher bewusst gewählte Unterscheidung (Hattendorf nennt diese „Parteilichkeit" (1999, S 45)) beinhaltet dabei auch immer die Vermutung der Manipulation. Buckland (2008, S. 139) schlägt aus diesem Grund den Begriff „shape", statt des seiner Meinung nach eher negativ konnotierten Begriffs „manipulate" vor.

> „Because all documentary films ‚manipulate' events, then it may be better to use a more neutral term, such as ‚shape' events. We can reserve the term ‚manipulation' for documentaries that can be categorized as propaganda-those that hide from spectator the processes they use in shaping events." (Buckland 2008, S. 139)

Buckland führt damit eine Unterscheidung zwischen Dokumentarfilmen ein, in der die Intentionen des Filmemachers explizit werden. Bill Nichols (1994, S. 32ff.) differenziert diese Unterscheidungen weiter aus und benennt fünf Kategorien des Dokumentarfilmes:

1. Expository documentary

   Die gezeigten Bilder werden hierbei von einer nicht sichtbaren Person kommentiert. Der Kommentar sortiert und analysiert dabei für den Rezipienten das Geschehen. Nichols (1994, S. 32) betitelt die kommentierende Stimme dabei als „Voice-of-God".

2. Observational documentary

   Diese Kategorie zeichnet sich durch den Versuch des Filmemachers aus, als stiller Beobachter das Geschehen zu filmen und zu repräsentieren. Dokumentarfilmgeschichtlich wird das einfache Beobachten von Situationen als „direct cinema" (Buckland 2008, S. 144) bezeichnet, was den Akt der Echtzeit-dokumentierung der beobachteten Situation charakterisieren soll.

3. Interactive documentary

   Im Gegensatz zum beobachtenden Dokumentarfilm wird im interaktiven Dokumentarfilm ganz explizit die Sichtweise des Filmemachers in den Vordergrund gerückt. Der Filmemacher interagiert dabei mit dem gefilmten Geschehen. „Interview styles and interventionist tactics arose, allowing the film-maker to participate more actively in present events." (Nichols 1994, S. 33)

4. Reflexive documentary

   Anders als die drei vorherigen Kategorien, die ein bestimmtes Event filmisch repräsentieren, fokussiert der reflexive Dokumentarfilm das Filmen des Events selbst. Dabei wird eine Auseinandersetzung mit der von der Kamera erzeugten bzw. konstruierten Realität intendiert. (vgl. Nichols 1994, S. 33)

5. Performative documentary

   Hier geht der Blickwinkel des Filmemachers weg vom bisher dominierenden referentiellen Aspekt des Dokumentarfilms und verweist stattdessen auf die darum stattfindende Welt. Dadurch kann es zu Kombinationen von expressiven, poetischen und rhetorischen Aspekten kommen. „The performative documentary evokes the mood or atmosphere traditionally found in fiction films. It aims to present its subject matter in a subjective, expressive, stylized, evocative and visceral manner." (Buckland 2008, S. 153)

Anders als die ersten beiden Kategorien, die dem „direct cinema" zugeordnet werden, werden die Kategorien drei bis fünf dem „cinéma vérité" zugeordnet (Roth 1982, S. 9). Während beim „direct cinema" die Kamera eine beobachtende Perspektive einnimmt und möglichst unauffällig das Geschehen vor der Kamera aufzeichnet, will das „cinéma vérité" mit der Kamera soziale Prozesse, durch provokante Kameraführung und Konfrontation z.B. von Interviewten während eines Interviews, thema-tisieren und anregen. (vgl. ebd.)

Die Kategorisierung der einzelnen Dokumentarfilmtypen ist bei Nichols genealogisch gedacht, d.h. die einzelnen Kategorien bauen chronologisch vom expositorischen Dokumentarfilm in den 1930er Jahren bis zum performativen Dokumentarfilm Ende der 1980er Jahre aufeinander auf. (vgl. Bruzzi 2010, S. 9) Im Laufe der Zeit hat der Dokumentarfilm dabei eine Weiterentwicklung, „hin zu mehr Selbstreflexion und Subjektivität" (ebd.) erfahren. Bruzzi (2010, S. 9) hält die von Nichols aufgestellte Chronologie allerdings für problematisch:

> „Die hier aufgeführte Chronologie ist insofern problematisch, als daß beispielsweise die Behauptung, das Voice over (die unabdingbare Voraussetzung für den expositorischen Modus) sei heute im nicht-fiktionalen Film ein weniger beliebtes Mittel als früher, einfach nicht haltbar: Das narrative Element ist allgegenwärtig, ebenso das beobachtende, oft genug auch innerhalb desselben Dokumentarfilms."

Die heutige Vermischung aller Formen, wobei keine Kategorie die andere ersetzt, mache laut Bruzzi die „genealogischen Stammtafeln" (ebd.) überflüssig. Vielmehr rücke heute, gerade im Hinblick digitaler technologischer Entwicklungen und die verstärkte Hinwendung zu hybriden Formaten wie der Doku-Soap, die Frage nach Authentizität in den Vordergrund. (vgl. Bruzzi 2010, S. 10) Jedoch würden Dokumentarfilme ihrer Meinung nach ein Übereinkommen zwischen der Dokumentation, der Wirklichkeit und dem Zuschauer darstellen. Ein Übereinkommen, „daß ein Dokumentarfilm weder jemals Wirklichkeit abbilden wird noch diese Wirklichkeit durch seine Abbildhaftigkeit ausgelöscht oder für ungültig erklärt" (Bruzzi 2010, S.10) wird.

> „Der Dokumentarfilm gründet auf einer dialektischen Beziehung zwischen Zielsetzung und Potenzial, so daß der Text selbst das Spannungsverhältnis offenbart, das sich aus dem Streben des Dokumentarfilms nach dem au-

thentischsten Mittel der faktischen Abbildung und der Unmöglichkeit dieses Unterfangens ergibt." (Bruzzi 2010, S. 10)

3.2 Die Darstellung von Fremdheit im Dokumentarfilm

Die Darstellung von Fremdheit lässt sich schon früh in der Filmgeschichte finden. Die oftmals als die Pioniere des Films bezeichneten Brüder Lumière, erkundeten schon Ende des 19. Jahrhunderts ferne Städte wie z.B. Moskau, Kairo oder Istanbul, indem sie Alltagszenen einfingen und diese ihrem heimischen Publikum vorführten. (vgl. Loiperdinger 1996, S. 37ff.) Und auch der erste langlaufende Dokumentarfilm „Nanook of the North" von Robert J. Flaherty aus dem Jahr 1922 porträtierte einem amerikanischen Publikum den Inuit Nanook und seine Familie im alltäglichen Kampf gegen die Naturgewalten. (vgl. Klöpping 2004, S. 81) Die Auseinandersetzung mit der Darstellung von Fremdheit im Dokumentarfilm lässt sich besonders in der Entwicklung und Thematisierung des ethnographischen Filmes nachvollziehen. Der ethnographische Film, der explizit fremde Menschen und ihre Lebenswelten thematisiert, (vgl. Schöning 1997) versteht sich dabei als eine Kombination zwischen filmischer Praxis und wissenschaftlicher Ethnographie. (vgl. Schändlinger 1998, S. 88)

David MacDougalls (1975) verwies darauf, dass der beobachtende Dokumentarfilm als Imitation von Spielfilmen entwickelt wurde, die als besonders realistisch empfunden wurden. Die Kamera und der Filmemacher, die sich wie „die Fliege an der Wand" (ebd., S. 113 zitiert von Schädlinger 1998, S. 89) verhielten, würden durch das Nicht-Eingreifen in beobachtete Situationen starke Ähnlichkeit zum wissenschaftlichen Verfahren ethnologischer Forschungsmethoden aufweisen. Die Alternative zum beobachtenden Film beschreibt MacDougalls als „participatory cinema." (ebd., S. 119)

„Das „participatory cinema" zeichnet sich vor allem dadurch aus, daß die Präsenz des Filmemachers und der Kamera als katalysatorische Wirkung auf die beobachteten Ereignisse und dargestellten Personen gezielt genutzt wird. Partizipation wird sowohl in dem Sinn verstanden, daß der Filmemacher zum Handelnden in der Lebenswelt der Dargestellten wird, als auch in dem, daß die im Film Dargestellten selbst die Entstehung und Gestaltung des Films beeinflussen." (Schändlinger 1998, S. 90)

Darauf aufbauend entwickelte MacDougalls (1984, S. 75) den „nichtprivilegierten Kamerastil" (auch als „teilnehmende Kamera" bezeichnet (vgl. Kretzschmar 2002, S. 172)). Damit sind Perspektiven, Bewegungen, Blickrichtungen und Ansichten gemeint, die in der alltäglichen Seherfahrung nicht vorkommen.

> „Zum Beispiel ein aus einem Kamin durch die Flammen hindurch aufgenommenes Bild oder ein Blick durch einen Spiegel oder eine Wand oder vielleicht eine verzerrte oder surrealistische Aufnahme, wie beispielsweise die Einstellung vom Schoß eines dicken Mannes aus mit Blickrichtung auf seine Nasenlöcher." (MacDougalls 1984, S. 75)

Privilegiert soll dabei aber auch der Authentizitätseindruck einer Beobachtung durch die Kamera beim Zuschauer sein. Da die Kamera die Ereignisse nicht aus einer Perspektive darstellt, sondern freibeweglich im Raum agiert, scheint sich der Zuschauer ohne Grenzen in Zeit und Raum zu bewegen und so „ohne Rücksicht auf soziale Konventionen Einblick in das Leben der dargestellten Menschen bekommen zu können" (Schändlinger 1998, S. 91).

Strecker (1987) greift die Ideen MacDougalls auf und setzt sich insbesondere mit den Gestaltungsprinzipien der Kamera- und Montagetechnik im Zusammenhang von Feldforschung und wissenschaftstheoretischen Fragestellungen auseinander. Dabei sieht er insbesondere im Spannungsverhältnis von Nähe und Distanz, wie sie in der teilnehmenden Beobachtung der Ethnografie reflektiert wird, den wissenschaftstheoretischen Kontext des ethnografischen Filmes (vgl. Schändlinger 1998, S. 93). Von der Sicht des Zuschauers aus geht Strecker der Frage nach, wie sich der Zuschauer im ethnographischen Film orientieren kann. Eine besondere Schwierigkeit sieht er darin, dass die dargestellten Situationen dem Filmemacher wie auch dem Zuschauer, fremd sind. Als Lösung führt er den aus der Sprachwissenschaft kommenden Begriff der Deixis[5] mit ein.

> „Im Idealfall gelingt es einem Film, den Zuschauer Schritt für Schritt in das Leben einer fremden Gesellschaft einzuführen, ohne dabei jemals anhal-

---

[5] Darunter wird die Lokation und Identifikation von Gegenständen und Ereignissen verstanden über die gesprochen wird, in Bezug zum raum-zeitlichen Kontext einer Satzäußerung. (vgl. Bühler 1987, S. 287)

tende Desorientierung hervorzurufen. Er würde die Orts-, Zeit- und Handlungsdimensionen der beobachteten Situation auf solche Weise erfassen, daß sich deiktische Leitfäden ergeben würden, die es dem Zuschauer ermöglichen, sich in den Bildern des Films zurechtzufinden und dem Geschehen zu folgen. Eine deiktische gute Abfolge von Bildsequenzen würde dem Zuschauer eine Urteilsfähigkeit erzeugen, die es ihm erlaubte, über das Gesehene eigene Schlußfolgerungen zu ziehen. Das heißt, die Zuschauer könnten über die im Film gezeigten Sachverhalte zu Schlußfolgerungen kommen, die nicht notwendig mit den Vorstellungen der im Film Dargestellten und/oder den Vorstellungen der Filmenden übereinstimmen." (Strecker 1987, S. 42f.)

Deiktische Wörter, auch Zeigwörter genannt, (vgl. Schändlinger 1998, S. 95), wie „ich", „hier" und „jetzt", beschreiben die Kommunikation von Personen, die an einer gemeinsamen Sprechsituation beteiligt sind. „Diese Bezüge der Zeigwörter sind ausreichend definiert, wenn die kommunizierenden Personen präsent sind. Schrift und Film lösen aber das Gezeigte vom Sichtbaren bzw. Anwesenden ab." (ebd.) Durch den nichtprivilegierten Kamerastil soll der Zuschauer, laut Strecker, die Möglichkeit der Identifikation mit dem ursprünglichen Blick, den der Filmemacher im Feld durch die Kamera wirft, erhalten (ebd.). Laut Schändlinger, (1998, S. 97) bezugnehmend auf Hohenberger (1988), lässt sich vor allem durch Einstellungsprofile überprüfen, wie durch die Filme Diegese[6] und Deixis konstruiert werden, „die dem Zuschauer eine Vorstellung der dargestellten Realität ermöglichen."

Zur Analyse der dargestellten Realität in ethnografischen Filmen unterteilt Hohenberger (1988) die Filme in zwei Kategorien, den ethnowissenschaftlichen Film und den ethnomethodologischen Film. Ethnowissenschaftliche Filme definiert er (1988, S. 154f.) folgendermaßen: „Diese Filme sind geleitet von einem empiristischen Wissenschafts-verständnis, das nur das materiell Gegebene als Objekt gelten läßt, aus dem dann induktiv Erkenntnisse gewonnen werden sollen.[...] Der Zuschauer wird hier mit einer filmischen Realität konfrontiert, die ihm als ‚objektive Wirklichkeit' nahe gebracht wird." Gegen-

---

[6] Der Begriff *Diegese* kommt aus dem altgriechischen (diegesis) und bedeutet so viel wie Erzählen. Er beschreibt in welchem Kontext, bzw. welcher Welt, in Abgrenzung zu einer anderen, ein Sachverhalt stattfindet. (Vgl. Fuxjäger 2007, S. 17ff.)

über dem ethnowissenschaft-lichen Film, versucht der ethnomethodologische Film ein größeres Maß an Objektivität zu erzeugen, indem Menschen aus anderen Kulturen selbst mit technischem Equipment ausgestattet werden und ihr eigenes Leben dokumentieren.

> „Gegenüber dem objektiven Blick des ethnowissenschaftlichen Films ist der ethnomethodologische durch den subjektiven, an der vorfilmischen Realität teilnehmenden Blick des Beobachters gekennzeichnet." (Hohenberger 1988, S. 156)

Hohenberger (ebd.) kritisiert beide Ansätze allerdings als positivistisch, da sie von Annahme ausgehen, die Filmaufnahmen würden eine objektive Realität darstellen. Haller (2005) knüpft an diesen Kritikpunkt an und führt daher die konstruktivistische Perspektive mit ein. Aus dieser Perspektive werden Filme und Fotografie von der kulturellen Prägung der Filmenden und Gefilmten beeinflusst und stellen somit durch filmische oder fotografische Aufnahmen eine Zugangsform zur interkulturellen Produktion von Bildern und von Diskursen her (vgl. Haller 2005, S. 153). Der Film beschreibt dadurch nicht mehr eine objektive Realität, sondern erschafft durch den Film selbst eine eigene, diskursive Realität. (vgl. ebd.)

Der ethnografische Film zielt in seiner Intention keineswegs auf ein nur wissenschaftlich interessiertes Publikum. Crawford und Turton (1992) versuchen hierfür eine Klassifizierung der Verwendung und Verwertung der unterschiedlichen ethnografischen Formate. So unterscheiden sie unter anderem footage, research films, ethnografic documentary, ethnografic television documentary und education and information films. Footage stellt für sie das ungeschnittene Rohmaterial dar. (vgl. ebd., S. 74) Research films sind speziell zu Forschungszwecken gedrehte und geschnittene Filme. (vgl. ebd.) Ethnografic documentary sind „large format films" (ebd., S. 74) für das Kino und für ein spezialisiertes, wie auch nicht spezialisiertes Publikum geschaffene Filme. Ethnografic television documentary sind „small format films", (ebd.) meist von Fernsehanstalten in Auftrag gegebene Filme und für ein nicht spezialisiertes Publikum gedacht. (vgl. ebd., S. 74) Education and information films sind speziell für inner- und außerschulische Bildungszwecke hergestellte Filme (vgl. ebd.).

Auf Grundlage dieser Klassifizierung unterscheiden Crawford und Turton (vgl. 1992, S. 75) in drei Modalitäten, wie bewegte Bilder, gesprochene Sprache, Geräusche, Musik und Schrift als Elemente des Films zu Darstellung und Erklärung eines Phänomens organisiert sind. Den ersten Modus bezeichnen sie als den Modus der verständlichen Erklärung („perspicuous mode" (ebd.)), dieser ist kommentarzentriert und findet vorrangig im Fernsehformat Verwendung. Das Fernsehen als Massenmedium steht dabei vor der Aufgabe, einem breiten Publikum fremde Kulturen darzustellen, ohne spezifische Kenntnisse voraussetzen zu können.

> „The problem, of course, is how to provide the audience with adequate contextual information on the assumption that it would be very difficult to persuade television viewers in general to read ethnographic monographs before watching an ethnographic film. Television as a mass-audience medium must always try to relate ‚their' societies to ‚ours'. In a sense this means that television is intrinsically ‚ethnocentric'". (Crowford/Turton 1992, S. 75)

Den zweiten Modus bezeichnen Crowford und Turton (ebd.) als „experiential mode". Dieser zeichnet sich dadurch aus, dass er dem Publikum viel Interpretationsspielraum einräumt, indem er eine fremde Kultur nicht erklärt, sondern durch Analogien nachvollziehbar und fühlbar macht.

> „If the perspicuous mode of ethnographic films can be said to reach its audience by means of explanatory devices, the experiential mode invites the audience to understand and sense other cultures by emphasizing analog forms of representation open to interpretation." (Crowford/ Turton 1992, S. 77)

Den dritten Modus bezeichnen Crowford und Turton (ebd., S. 78) als "evocative mode", den sie vor allem als Kritik der Darstellungs-konventionen von Fremdheit in Dokumentarfilmen sehen, indem die Grenzen zwischen fiktional und dokumentarisch aufgehoben werden und das gesamte Genre des ethnografischen Films parodistisch und reflexiv behandelt wird. (vgl. ebd., S. 78f.)

Abschließend lässt sich festhalten, dass sich die Darstellung von Fremdheit im Dokumentarfilm, vor allem bei Produktionen für ein Massenpublikum, zwischen der Grenze der möglichst freien Darstellung einer anderen Kultur und einer Darstellung für ein hiesiges Publikum, so dass es an dem gezeigten partizipieren kann, verläuft.

„Eine Besonderheit des ethnografischen Filmes ist, daß er sich für den Zuschauer oft im Spannungsfeld zwischen ‚Reality TV' und ‚Fiction Film' bewegt. Einerseits wird versucht, Realität dann, wenn sie geschieht, aufzunehmen, also idealerweise ohne Regie zu filmen. Andererseits hat der Film auch eine narrative Struktur, die dem Zuschauer eine nachvollziehbare Geschichte erzählen soll." (Engelbrecht 1995, S. 149)

3.3 Dokumentarfilme für Kinder

„Man stelle sich eine Karte der Filmgenres vor. Es gäbe einen Ort namens Dokumentarfilm und wahrscheinlich ziemlich weit davon entfernt einen Ort namens Kinderfilm. Irgendwo dazwischen wäre ein weißer Fleck, bezeichnet mit Kinderdokumentarfilm; man hat schon davon gehört, seine Existenz ist aber keineswegs gesichert." (Unbekannt in Schnitt 2006, S. 7)

Mit obigem Zitat beginnt das Editorial der Filmzeitschrift „Schnitt" über die Einführung in den Themenschwerpunkt „Kinderdokumentarfilm" und versucht dabei die Situation des Kinderdokumentarfilmes in Deutschland zu beschreiben. Ähnlich äußert sich auch Schmitz (2002a, S. 7) in dem sie ausgehend vom Kinderfilm schreibt: „Kinderfilme sind eine Nische. Dokumentarfilme für Kinder sind eine Nische in der Nische." Beide Aussagen spiegeln die schwierige Situation des Kinderdokumentarfilmes in Deutschland wieder. Und so scheint es nicht verwunderlich, dass es auch in der wissenschaftlichen Literatur an geeigneten Definitionsversuchen mangelt.

„Der wissenschaftliche Erkenntnisstand über dokumentarische Fernsehformen für Kinder ist gering. Nutzung, Akzeptanz und Wirkungen sind noch unzureichend empirisch belegt, einheitliche Definitionen fehlen. Es scheint, als ob sich das Genre gegen Definitionen sperrt und vielmehr das ist, wozu Pädagogen, Filmemacher, Produzenten und Kritiker es erklären, jeder aus seinem Interesse heraus." (Töpper 2004, S. 70)

Töpper spricht in diesem Fall von dokumentarischen Fernsehformen, da, wie auch Schmitz (2002b, S. 4) ausführt, Dokumentarfilme für Kinder vorrangig im „Primärmedium" Fernsehen auffindbar seien. Ausgehend von den Zitaten in der Schnitt (2006) und von Schmitz (2002a) ist es m.E. sinnvoll zunächst einen kurzen Blick auf den Kinderfilm an sich zu werfen, um davon ausgehend weitere Überlegungen über den Kinderdokumentarfilm anzustellen. Die Frage danach, was ein Kinderfilm ist, beantwortet Völcker (2005, S. 37) mit dem Satz: „Ein Kinderfilm ist ein Film für Kinder." Dabei skizziert sie kurz die Entwicklung des Kinderfilmes in Deutschland und betont dabei die Veränderung der Sichtweise auf das gesellschaftliche Phänomen der Kindheit selbst.

> „Mit den tief greifenden gesellschaftlichen Veränderungen der vergangenen Jahrzehnte, nicht zuletzt im Medienbereich selbst, haben sich die Lebensumstände von Kindern verändert und damit auch Kindheit. All dies berührt den Kinderfilm." (Völcker 2005, S. 38)

Von pädagogisierten Kinderfilmen in der BRD der 1950er habe dabei eine Entwicklung, entlanglaufend der Entwicklung in der Pädagogik, stattgefunden, bei der Kinder nicht mehr als „Erziehungsobjekt", (ebd., S. 37) sondern als „eigenständige Subjekte, die in ihrer selbstbestimmten Aneignung der Welt zu unterstützen" (ebd.) seien, gesehen werden.

Inhaltlich sei der Kinderfilm nicht als ein spezielles Genre definierbar, da es keine Erzählkonventionen oder stilistische Mittel gebe, „die ihn spezifisch bestimmen." (ebd., S. 41) Daher zeichne vor allem eines Kinderfilme aus: „Sie erzählen Geschichten von Kindern und sie erzählen sie für Kinder." (ebd.)

Unter diesen Aspekten lässt sich gut an eine Auseinandersetzung mit dem Dokumentarfilm für Kinder ansetzen. Sommer (2006, S. 9) schreibt dazu: „Nicht jeder Dokumentarfilm mit Kindern ist auch ein Dokumentarfilm für Kinder, und ein Dokumentarfilm, der auch für Kinder geeignet ist, bleibt ein Film für Erwachsene, der sich auch für ein jüngeres Publikum eignet." Verkürzt könnte jetzt festgehalten werden: Ein Kinderdokumentarfilm ist ein Dokumentarfilm für Kinder. Doch diese Feststellung griffe zu kurz, so Lobback (2008, S. 2), da hier „Erzählkonventionen und stilistische Mittel des Dokumentarfilms" herangezogen würden. Sommer (2006, S. 9) stellt dazu in Anlehnung an den DEFA-Dokumentarfilmer Konrad Weiß fest: „Dokumentarisch, nicht pädagogisierend," ein guter Kinderdokumentarfilm solle poetisch, vergnüglich und faszinierend sein, die Poesie solle dabei die der Wirklichkeit sein. (vgl. ebd., S. 10) Töpper (2004, S. 70 in Anlehnung an Schändlinger 1998, S. 392) stellt fest, dass dokumentarische Fernsehformen für Kinder als „ein Wechselspiel zwischen Gestaltungskonventionen und Rezeptionserwartungen beschrieben" werden können. Sie schlägt daher folgende Definition vor:

> „Als dokumentarische Fernsehformen für Kinder sollen Sendungen betrachtet werden, die speziell für Kinder produziert wurden, eine dokumentarische Lesart durch textimmanente Anweisungen ermög-lichen und von den Kindern als dokumentarisch wahrgenommen werden. Sie beziehen sich aus ihrer Perspektive auf real erfahrbare Ereignisse und versuchen diese so zu thematisieren, dass sie für Kinder verständlich sind." (Töpper 2004, S. 70)

Problematisch im Sinne dieser Arbeit ist dabei, dass Töpper von dokumentarischen Fernsehformaten und nicht Filmen spricht. Ihre Definition bezieht sich dabei auf alle Kindersendungsformate, die dokumentarische Inhalte mit beinhalten (vgl. ebd., S. 71). Das können Filme, aber auch wissensvermittelnde Formate und Shows sein. Die Definition macht aber m.E. deutlich, dass Dokumentarfilme für Kinder so geschaffen sein müssen, dass Kinder die dokumentarische Lesart des Filmes nachvollziehen bzw. den Film als überhaupt dokumentarisch klassifizieren können. Im Sinne dieser Arbeit ist, zur Begriffsbestimmung des Dokumentarfilmes für Kinder noch eine weitere, genauere Festlegung nötig, da neben Themen, die die Darstellung von kindlichen Lebenswelten beinhalten, auch z.B. Tier- und Naturdokumentarfilme explizit für Kinder produziert sein können. Wenn ich folgend von Kinderdokumentarfilmen spreche, so meine ich damit Filme, die die Lebenswelt von Kindern dokumentarisch thematisieren und in ihrer Gestaltung und Intention für Kinder gedacht sind.

Töpper (2004, S. 72ff.) kategorisiert sechs Narrationsmodi, aufbauend auf Nichols Dokumentarfilmkategorien (siehe Kapitel 3.1) dokumen-tarischer Fernsehformen für Kinder im deutschen Fernsehen:

1. *Der beschreibende Modus*
   Dieser Modus zeichnet sich durch einen „auktorial-allwissenden Kommentar" (Töpper 2004, S. 72) aus, dessen Funktion in der Veranschaulichung und Beschreibung der dargestellten Situationen liegt. Die kindlichen Rezipienten nehmen dabei eine distanzierte, beobachtende Stellung ein.

2. *Der fiktionale Modus*

Im fiktionalen Modus werden Inhalte mit Hilfe von Figuren konkret beschrieben. Die Figuren durchleben dabei stellvertretend für die Kinder die dargestellten Ereignisse. Dabei wird „das Ausprobieren und Erlebbarmachen" (ebd.) in den Sendungen betont. Durch die fiktionale Vermischung von erzählter Handlung und dokumentarischen Inhalt wird „Spannung und Aufmerksamkeit" (ebd.) erzeugt.

3. *Der interaktive Modus*

Hier agiert ein Erzähler oder Moderator als direkter Vermittler zwischen dem Dokumentarischen und den kindlichen Zuschauern. (vgl. ebd., S. 73) Der Moderator ist dabei als eindeutige Figur identifizierbar, der am Ort des Geschehens die Zuschauer direkt anspricht und von den dokumentierten Ereignissen berichtet. Die Zuschauer agieren dabei als „teilnehmende Beobachter." (ebd.)

4. *Der partizipierende Modus*

Beim partizipierenden Modus berichtet ein „Protagonisten-Erzähler" (Töpper 2004, S. 73) nicht nur von den Ereignissen, sondern nimmt direkt an ihnen Teil. „Die Kinder erleben die Ereignisse aus der Perspektive der Figur" (ebd.). Durch die Darstellung der Ängste und Bedenken des Erzählers, wird das Erlebte direkt und emotional erfahrbar gemacht und die kindlichen Zuschauer so zu Teilnehmern der Situation.

5. *Der betrachtende Modus*

Dieser Modus ist dadurch gekennzeichnet, dass er Ausschnitte aus „dem (Alltags-)Leben der Akteure" (Töpper 2004, S. 74) darstellt. „Filme dieser Art versuchen Menschen und Ereignisse so darzustellen, wie sie im Moment der Aufnahme erscheinen." (ebd.) Aus dem Verhalten der Akteure können die kindlichen Rezipienten Schlussfolgerungen ziehen „und sich ihre eigene Meinung bilden." (ebd.) Die Kinder sind dabei aktiver in der Interpretation der Ereignisse gefordert, werden aber nicht direkt angesprochen.

6. *Der poetische Modus*

Im poetischen Modus werden die „visuelle[n] Assoziationen" (Töpper 2004, S. 74) der Filme betont. Dabei wird ganz auf einen rahmenden Kommentar verzichtet und die kindlichen Zuschauer müssen sich oh-

ne „Deutungsangebote mit dem Geschehen auseinander setzen."
(ebd.)

Einen Überblick über die Ähnlichkeiten und Unterschiede in den Kategorien von Nichols (1994) Einteilung von Dokumentarfilmen, Crowford/Turtons (1992) Einteilung von ethnografischen Filmen und Töppers (2004) Einteilung des Kinderdokumentarfilmes, bietet die folgende Tabelle.

Einteilung	Nichols	Töpper	Crowford/Turton
Erklärend	Expository documentary	Der beschreibene Modus	Perspicuous mode
Beobachtend	Observational documentary	Der betrachtende Modus	Experiential mode
Interaktiv	Interactive documentary	Der interaktive Modus Der partizipierende Modus, Der fiktionale Modus	
Auseinandersetzend	Reflexive documentary		Perspicuous mode
Evozierend	Performative documentary	Der poetische Modus	Evocative mode

Tab. 1: Gegenüberstellung der Kategorien von Nichols (1994), Töpper (2004) und Crowford/Turton (1992)

Dabei wird deutlich, dass in allen Einteilungen eine erklärende, wie auch beobachtende Kategorie vorkommt. Weiter zeigt sich, dass interaktive Elemente im Kinderdokumentarfilm eine weitreichendere Rolle spielen, sodass sie von Töpper weiter ausdifferenziert wurden. Ungenau bleibt die Trennung zwischen auseinandersetzenden, reflexiven und evozierenden Formaten. Insgesamt scheint es mir bei diesen beiden Kategorien um eher von den Filmemachern künstlerisch-konstruktivistische Auseinderset-zungen mit der gezeigten Realität zu gehen.

Resümierend stellt Töpper (vgl. 2006, S. 19) fest, dass die meisten dokumentarischen Angebote für Kinder zum einen nur im Fernsehen zu sehen und zum anderen durch Kommentare vorgerahmt seien. Sie argumentiert darauf aufbauend, dass Dokumentarfilme für Kinder „Raum für eigenständige Interpretation" (ebd.) bräuchten. Sie plädiert daher dafür, in den Filmen Leerstellen und Pausen einzubauen.

> „Die Kinder sollten hin und wieder zurücktreten können, um zu erfassen, worum es wirklich geht. Vorgegebene Deutungsrahmen behindern die Fantasie, Sehlust und Eigenständigkeit der Kinder. Sie können keine besonders aktive Rolle in der Interpretation des Geschehens einnehmen. Dokumentarische Kinderfilme und Kindersendungen dienen immer auch als Anregung, sich mit der Wirklichkeit auseinanderzusetzen. Kinder haben dabei Dramaturgien verdient, die offene (Deutungs-)Räume schaffen und Platz lassen für eigenständige Reflexionen des Geschehen." (Töpper 2006, S. 19)

Zusammenfassend lässt sich anhand der wenigen Auseinandersetzungen mit dem Kinderdokumentarfilm in der wissenschaftlichen Literatur feststellen, dass oftmals eine „Soll-Situation" proklamiert wird, weniger aber eine Analyse derzeitiger „Ist-Situationen". So lassen sich vorrangig pädagogisch-psychologische „Leitfäden" ausmachen (u.a. Sommer 2006, Lobback 2008), wie ein Dokumentarfilm für Kinder sein soll, damit er Kinder anspricht, sie durch ein Thema leitet, sie dabei aber nicht überfordern darf. Einzig Töppers (2004) Narrationsmodi bieten eine „Ist-Analyse" an, wobei bei ihr unklar bleibt, wie ihre Kategorien zustande gekommen sind.

Im nun folgenden empirischen Teil der Arbeit soll versucht werden, Kinderdokumentarfilme unter einer speziellen Forschungsfrage hin zu analysieren, um so einen Beitrag zur „Ist-Analyse" dieses speziellen Genres beizutragen.

4. Forschungsfrage und Forschungsstand

Im Folgenden werde ich die für den empirischen Teil leitende Forschungsfrage entwickeln und dann den bestehenden Forschungsstand zur Forschungsfrage nachzeichnen.

4.1 Forschungsfrage

Zur Entwicklung meiner Forschungsfrage für die folgende empirisch-qualitative Studie wiederhole ich kurz die oben von mir vorgenommenen Definitionen. Zunächst habe ich herausgearbeitet, dass auf Grund derzeitiger komplexer Globalisierungsprozesse Menschen, gerade in modernen Gesellschaften, vor der Aufgabe stehen, sich in einem reflexiven Verhältnis zur Welt zu verorten. (vgl. Marotzki 1999, S. 59) Medien spielen dabei eine besondere Rolle, da heutige Sozialisationsprozesse immer auch medial geprägt sind. (vgl. Jörissen/Marotzki 2009, S. 39) Unter Bezugnahme des Kulturbegriffs von Nieke (2008) habe ich dann *Interkulturelle Medienbildung* wie folgt definiert:

> Das Ermöglichen der Infragestellung der kollektiven Orientierungs-muster der eigenen Lebenswelt, durch die in und durch Medien induzierten und ermöglichten Fremdheitserfahrungen, insbesondere durch die Inszenierung kollektiver Orientierungsmuster einer anderen Lebenswelt, und dadurch der strukturalen Veränderungen des Selbst- und Weltverhältnisses

Weiter habe ich argumentiert, dass Dokumentarfilme und insbesondere ethnografische Dokumentarfilme uns einen Eindruck fremder Kulturen vermitteln können. Dabei wurde deutlich, dass Dokumentarfilme kein Abbild der Realität darstellen, sondern Konstruktionen von Realität, die mit dem Anspruch auf Authentizität und dem Vertrauen der Zuschauer ihre Sichtweise der Welt darstellen. (vgl. Engelbrecht 1995)

Darauf folgend habe ich mich dem Subgenre des *Dokumentarfilmes für Kinder* gewidmet und diesen im Sinne dieser Arbeit wie folgt definiert:

> Dokumentarfilme, die die Lebenswelt von Kindern dokumentarisch thematisieren und in ihrer Gestaltung und Intention für Kinder gedacht sind.

Durch die Symbiose beider Definitionen lässt sich der Titel dieser Arbeit *„Interkulturelle Medienbildung im Dokumentarfilm für Kinder"* wie folgt genauer, wenn auch deutlich komplexer, skizzieren:

> Das Ermöglichen der Infragestellung der kollektiven Orientierungs-muster der eigenen (kindlichen) Lebenswelt, durch die für Kinder intendierte, dokumentarfilmische Inszenierung der kollektiven Orientierungsmuster einer anderen kindlichen Lebenswelt induzierte und ermöglichte Fremdheitserfahrung, und dadurch der strukturalen Veränderungen des Selbst- und Weltverhältnisses.

Wenn ich davon ausgehe, dass Dokumentarfilme für Kinder, die die Lebenswelt von Kindern anderer Kulturkreise thematisieren, strukturale Veränderungen des Selbst- und Weltverhältnisses ermöglichen können, stellt sich die Frage, wie das ermöglicht wird. Daher lautet meine *Forschungsfrage*:

> Wie werden Fremdheitserfahrungen durch die Inszenierung kollektiver Orientierungsmuster fremder kindlicher Lebenswelten im Dokumentar-film für Kinder ermöglicht?

Oder kompakter: *Wie wird Interkulturalität im Dokumentarfilm für Kinder inszeniert?*

4.2 Forschungsstand

Wie schon in Kapitel 3.3 kurz angerissen, thematisiert die vorhandene Forschungsliteratur im Bereich des Kinderfilmes und Kinderdokumen-tarfilmes vorrangig „Soll-Situationen", die pädagogisch-psychologisch „wertvolle" Filme proklamieren. So analysiert z.B. Lobback (2008) den künstlerisch-pädagogischen Anspruch von Kinderdokumentarfilmen mit theoretischem Rückbezug auf Piagets und Charltons entwicklungs-psychologische Ausarbeitungen. Aufbauend auf die Theorien skizziert sie einen dem Alter eines Kindes entsprechende Anforderungskatalog an einen „guten" Kinderdokumentarfilm.

> „Als allgemeine Anforderungen haben sich in erster Linie Offenheit, Klarheit und Überschaubarkeit herausgestellt. Ebenso erwünscht sind vergnügliche Elemente, neue Ästhetiken und Helden, die nicht an ihren Konflikten scheitern." (Lobback 2008, S. 92)

Aufbauend auf ihre Überlegungen analysiert sie drei Kinderdokumen-tarfilme und bewertet die Ergebnisse:

> „Die drei analysierten Filme haben alle bestimmten Kriterien und Anforderungen für den Kinderdokumentarfilm erfüllt. Kein Film ist allen Ansprüchen gerecht geworden. […] Dennoch können die untersuchten Filme in Bezug auf die zuvor gestellten Ansprüche insgesamt als positiv bewertet werden. […] Diese Auswahl zeigt, dass es durchaus Filme gibt, die qualitativ und für die Kinder im ausgewiesenen Alter empfehlenswert sind. Sie erfüllen einen Großteil der ermittelten Kriterien und Anforderungen an einen guten Kinderdokumentarfilm." (Lobback 2008, S. 94)

Weniger bewertend analysiert Webersinke (2009) die Situation des Dokumentarkinos für Kinder in Deutschland. Anhand zweier Filme, die jeweils Lebenswelten von Kindern in anderen Kulturen thematisieren, untersucht sie den Aufbau von Kinderdokumentarfilmen. Allerdings bleibt zum einen ihre genaue Fragestellung dabei unklar, zum anderen handelt es sich bei beiden Filmen um Hybrid-Formate, d.h. um Filme mit non-Fiktionalen und fiktionalen Anteilen.

Webersinke (vgl. 2009, S. 249ff.) arbeitet dabei heraus, dass vor allem durch kinematografische und fiktionale Inszenierungsstrategien kindliche, aber auch erwachsene Rezipienten sich zum einen emotional mit den agierenden Protagonisten identifizieren können und ihnen zum anderen kulturfaktisches Wissen vermittelt wird.

Einen anderen Ansatz verfolgt Stewen (2011) der in seiner Arbeit die Konstruktion von Kindheit in filmischen und medienpädagogischen Diskursen untersucht. Dabei zeigt er auf, dass die Darstellung von Kindheit in fremden Kulturen in Filmen mit einer „spezifischen Vorstellung von Kindheit und Entwicklung" in Zusammenhang steht. Dazu stellt er fest:

> „In der Figur des Kindes erscheinen die afrikanischen Kulturen als rückständige Entwicklungsländer und schließlich als Bestandteile einer ‚dritten Welt'; sie sind noch nicht ‚so weit'. Das Motiv der Bewegung verbindet sich im Gedanken der ‚Hochkultur' zudem mit einem räumlichen Wachstumsbild. Kindheit wird in diesen Diskursen nicht nur mit Unschuld, Unwissenheit und Vergangenheit verschaltet, sondern zudem mit einem Primitivismus fremder Völker." (Stewen 2011, S. 176)

Diese Aussage bezieht er vorrangig auf fiktionale Filme, betont aber, dass sich dokumentarische Formen über Kindheit in fremden Kulturen daran anschließen lassen (vgl. ebd.). Stewen zählt zur Belegung seiner Aussage zwar zahlreiche Filmbeispiele auf, versucht dabei allerdings nur anhand einzelner Beispiele seine Thesen zu begründen. Aus den meiner Meinung nach etwas willkürlich herausgesuchten Belegen eine allgemein gültige These zu generieren, halte ich in diesem Zusammenhang für relativ frei und nicht nachvollziehbar konstruiert.

Andere Untersuchungen streifen nur am Rand meine Forschungsfrage, am nächsten gelegen davon noch Bulut (1999), die anhand einer ausführlichen Analyse der Kinderfernsehserie „Karfunkel", die Konstruktion des Fremden im Kinderfernsehen aufzeigt. Da es sich jedoch um eine fiktionale Serie handelt und die Thematik die Herausforderungen der Integration von Migrantenkindern in Deutschland Anfang der 1990er Jahre behandelt, sind die Ergebnisse für diese Arbeit nicht relevant genug.

Andere Studien, z.B. Klöppings (2004) „Repräsentation des kulturell ‚Fremden' zwischen Schrift und Film", Misselwitz' (2007) „Begegnung mit kultureller Fremdheit im Dokumentarfilm", Pells (2009) „Natives film Natives", Hohenbergers (2010) „Bilder der Globalisierung" oder Marschalls (2010) „Ethnographic Film meets TV-Broadcasting", stellen Analysen oftmals komplexer Dokumentarfilme für Erwachsene dar und lassen sich daher nur sehr bedingt auf mein Themenkomplex beziehen.

Zusammenfassend zeigt der derzeitige Forschungsstand, dass zum einen vorhandene Analysen, ausgehend von einem pädagogisch „wertvollen" und im Sinne der Autoren geprägten entwicklungspsychologischen „idealen" Filmkorpus, getätigt wurden. Durch diese Bezugnahme einer rein binären „gut" versus „schlecht" Einteilung, die hintergründig einen angeblich vorhandenen idealen, perfekten und richtigen Kinderdokumentarfilm skizziert, wird m.E. der Blick auf schon vorhandene Filme verzerrt, da die rein subjektiven Bewertungskriterien dessen, was pädagogisch „richtig" und was „falsch" ist, konstruktivistisch-bildungstheoretische Annahmen unterlaufen. Aus bildungstheoretischer Sicht stellen die Filme nur Angebote dar, die jeweilige Annahme, Rahmung und Verarbeitung der Angebote vollzieht sich im jeweiligen Menschen unter Rückbezug auf sein bisheriges Wissen und seine Erfahrungen selbst. Somit ist die Analyse vorhandener Ist-Situationen m.E. zielführender, da sie vorhandene Angebote, sprich Bildungspotenziale herausarbeitet, ohne sie von vornherein pädagogisch zu werten.

Zum anderen zeigt ein Blick auf den derzeitigen Forschungsstand zum Dokumentarfilm für Kinder, dass das Feld im Gesamten bisher nur wenig erforscht wurde und es gerade deshalb m.E. sinnvoll ist, sich damit intensiver auseinanderzusetzen. Insbesondere die Thematisierung anderer Kulturräume im Dokumentarfilm für Kinder scheint, außerhalb der Arbeiten von Webersinke (2009) und Stewen (2011), noch überhaupt nicht in den Blick genommen. Somit stellt eine Ist-Analyse, wie Interkulturalität im Dokumentarfilm für Kinder inszeniert wird, eine Forschungslücke dar.

5. Methodik

Im folgenden Kapitel beschreibe ich die in der Analyse verwendeten Forschungsmethoden und ihre theoretischen Bezüge. Zu Beginn skizziere ich kurz die Ideen von Bordwell und Thomson zum Neoformalismus und stelle daran anschließend ihr Filmanalysemodell vor. Daran anschließend stelle ich den von Strauss und Glaser entwickelten Forschungsstil der Grounded Theory vor. Dann erfolgt eine Einschränkung des Forschungsfeldes und abschließend eine Zusammenfassung der vorgestellten Methoden zur Beantwortung meiner leitenden Forschungsfrage.

5.1 Neoformalismus

Der Neoformalismus ist ein Ansatz der Filmwissenschaften, der von David Bordwell und Kristin Thompson entwickelt wurde. Er verarbeitet dabei unterschiedlichste Theorieentwürfe der Film-, Literatur- und Kunsttheorie. (vgl. Hartmann/Wulff 2002, S. 195) Insbesondere setzt sich der Neoformalismus aus dem russischen Formalismus, dem Prager Strukturalismus und Überlegungen des Kunsthistorikers Ernst H. Gombrichs zusammen. (vgl. ebd.) Der Ansatz wurde von Bordwell und Thompson als Gegenentwurf zu einem vorherrschenden Ansatz der Filmanalyse entwickelt, der Filme mit einer „übergestülpten Methode" (Thompson 1995, S. 24) interpretiere, was wiederum oft zu einer Reduktion der Komplexität von Filmen führe. Das Anwenden der immer gleichen Methode, kommend aus der Literaturwissenschaft, der Psychoanalyse, der Linguistik und/oder Philosophie, erzeuge so keine Widersprüche mehr und bestätige sich so immerfort selbst . (vgl. Thompson 1995, S. 24f.) Das Problem dabei sei, dass „der zugrundeliegende Ansatz – Psychoanalyse, Linguistik etc. – außerhalb des Bereichs der Ästhetik" liege. (ebd., S. 25) Wichtig sei daher, Filme als Kunstwerke zu betrachten, die auch nach dem Betrachten „rätselhaft und verblüffend" (ebd.) blieben. Es sei daher in der Analyse wichtig, zu untersuchen, wie die Filme aufgebaut sind „und wie es ihnen gelingt, die Aufmerksamkeit des Zuschauers auf sich zu ziehen." (Thompson 1995, S. 26)

Bordwell nutzt daher das aus dem russischen Formalismus zur Analyse von Kunstwerken stammende poetische Verfahren. „Der Begriff ‚Poetik' leitet sich

vom griechischen *poieses* her und lässt sich sinngemäß als ,aktives machen'
übersetzen." (Hartmann/Wulff 2002, S. 197)

> „The poetic of any medium studies the finished work as the result of a pro-
> cess of construction – a process which includes a craft component (e.g.
> rules of thumb), the more general principles according to which the work is
> composed, and its functions, effects, and uses. Any inquiry into the funda-
> mental principles by which a work in any representational medium is con-
> structed can fall within the domain of poetics." (Bordwell 1989, S. 371)

Der Betrachter eines Kunstwerkes ist daher auch kein passiver Rezipient, sondern ist aktiv in der Auseinandersetzung der Poetik mit eingebunden. (vgl.
Thompson 1995, S. 30)

> „Der Zuschauer sucht im Werk aktiv nach Hinweisen (*cues*) und reagiert
> darauf mit den Wahrnehmungsfähigkeiten (*viewing skills*), die er durch
> seinen Umgang mit anderen Kunstwerken und mit dem Alltagsleben er-
> worben hat. Der Betrachter wird perzeptiv, emotional und kognitiv gefor-
> dert, wobei diese drei Ebenen unauflösbar miteinander verbunden sind."
> (Thompson 1995, S. 30)

Der neoformalistische Ansatz geht daher von einem Zuschauer aus, der sich
aktiv mit einem Film auseinandersetzt. Diese Prozesse werden durch Hinweise, sogenannte „Cues", im Film vorangetrieben, d.h. der Zuschauer bildet
aufgrund der Cues kontinuierlich Hypothesen, um das Geschehen im Film
interpretieren zu können. Um die Cues im Film analysieren zu können, inter-
scheiden Bordwell und Thompson, rückgreifend auf den russischen Formalismus, zwischen Sujet (Plot) und Fabel (Story).

> „Eines der wertvollsten methodologischen Verfahren, das von den russi-
> schen Formalisten zur Analyse von Erzählungen erdacht wurde, ist die Un-
> terscheidung zwischen Sujet und Fabel. Das Sujet ist im wesentlichen
> [Sic!] die Kette aller kausal wirksamen Ereignisse, wie wir sie im Film
> selbst zu sehen und zu hören bekommen. [...] Das Verständnis dieser Su-
> jet-Ereignisse erfordert häufig ihre geistige Umordnung in eine chronologi-
> sche Reihenfolge. Selbst wenn ein Film die Ereignisse einfach in ihrer 1-2-
> 3-Folge präsentiert, müssen wir deren kausale Verbindungen noch aktiv

begreifen. Diese geistige Anordnung von chronologisch und kausal verbundenem Material ist die Fabel." (Thompson 1995, 55)[7]

Durch die Unterscheidung zwischen Sujet, das die Ereignisse im zeitlichen Verlauf beschreibt (alles, was seh- und hörbar ist) und der Fabel, die die Verknüpfung der Ereignisse im zeitlich-linearen, chronologischen und kausal Zusammenhang durch den Zuschauer und seinem „Geschichten-Wissen" (Hartmann/Wulff 2002, S. 199) beschreibt, können die Cues im Plot rekonstruiert werden. Denn erst durch die Cues im Sujet entwickelt der Zuschauer die Fabel im Kopf.

> „We create the story in our minds on the basis of cues in the plot." (Bordwell/Thompson 2010, S. 82)

Der Zuschauer reagiert auf die Cues mit seiner „Wahrnehmungsfähigkeit" (Thompson 1995, S. 30). Diese setzt sich aus Hintergründen zusammen, die sich aus früheren Erfahrungen gebildet hat. Thompson (1995, S. 41) unterscheidet hier drei Arten von Hintergründen. Der erste Hintergrund ist ein Wissen um die Alltagswelt, ohne das die grundsätzlichen referenziellen Bedeutungen gar nicht erfassbar wären. Der zweite Hintergrund ist ein Wissen um andere Kunstwerke, um die Konventionen von Kunstwerken im Allgemeinen erfassen zu können. Der dritte Hintergrund ist ein Wissen um den praktischen Gebrauch von Filmen, um die unterschiedlichen Formate unterscheiden zu können. Um die Bedeutung eines Films erschließen zu können, bedarf es daher, je nach Film, eines mal mehr, mal weniger umfangreichen Kontextwissens. (vgl. Thompson 1995, S. 42)

Zur Rekonstruktion der Bedeutung eines Filmes unterscheiden Bordwell und Thompson (2010, S. 62ff.) dabei vier unterschiedliche Bedeutungsebenen. Die erste Bedeutungsebene bezeichnen sie als die „referenzielle Bedeutung", durch die der Zuschauer eine vorfilmische, materielle Wirklichkeit durch die formellen Aspekte im Film erkennt. Die „explizite Bedeutung" bezeichnet alles, was durch den Film explizit mitgeteilt wird. Dementsprechend können die Zuschauer die referenziellen und expliziten Bedeutungen in einem

---

[7] Die Verwendung der Wörter „Sujet" und „Plot" bzw. „Fabel" und „Story" bei Bordwell und Thompson variiert in den Texten, meinen aber das Gleiche. (vgl. Hartmann/Wulff 2002, S. 199)

Film je nach individuellen bisherigen Erfahrungen von der „Kunst und der Welt entweder verstehen oder nicht." (Thompson 1995, S. 32) Mehr gefordert ist der Zuschauer hingegen bei der „impliziten Bedeutung", die erst durch Interpretation eines Filmes ausgemacht werden kann. Wenn die Interpretation eines Filmes über die Ebene eines einzelnen Werkes hinaus geht und er u.a. gesellschaftliche Themen reflektiert, sprechen Bordwell und Thompson (2010, S. 64) von einer „sympto-matischen Bedeutung".

Thompson (vgl. 1995, S. 36ff.) spricht weiter von zwei zentralen Verfahren, damit ein Zuschauer die Story eines Filmes rekonstruieren kann: die Motivation und die Verfremdung. Die Motivation baut auf den Hinweisen, den Cues, eines Filmes auf und soll den Zuschauer dazu bringen, sich mit dem gezeigten auseinanderzusetzen. „Motivation bezeichnet somit eine Form der Interaktion zwischen der Werkstruktur und der Aktivität des Zuschauers." (Thompson 1995, S. 36) Sie unterscheidet dabei vier Grundtypen der Motivation:

1. *Kompositionelle Motivation*
   Hierbei bekommt der Zuschauer Informationen, um das Dargestellte hinsichtlich von Kausalitäten im Kontext von Raum und Zeit einordnen zu können.

2. *Realistische Motivation*
   Hierbei erhalten die Zuschauer Hinweise um an ihr Alltagswissen anknüpfen zu können und somit die dargestellte Realität plausibel erscheinen zu lassen.

3. *Transtextuelle Motivation*
   Diese Motivation stellte Rückgriffe auf stilistische Verfahren anderer Kunstwerke dar und erfordert vom Zuschauer die Wiedererkennung dieser Verfahren.

4. *Künstlerische Motivation*
   Die künstlerische Motivation tritt meist nur auf, wenn die vorherigen Motivationen nur schwach oder gar nicht vorhanden sind, und soll den Zuschauer dazu motivieren die ästhetischen Qualitäten eines Filmes zu erkennen.

Das zweite, zentrale Verfahren, die Verfremdung – Thompson nennt diese auch Ostranenie[8], ist eine Fähigkeit von Kunstwerken, mentale Prozesse zu erneuern. (vgl. Thompson 1995, S. 30)

> „Die Kunst verfremdet die gewohnte Wahrnehmung der Alltagswelt, der Ideologie („Die Angst vor dem Krieg‘), anderer Kunstwerke usw., indem Material aus diesen Quellen entnommen und transformiert wird. Die Transformation geschieht dergestalt, daß das Material in einen neuen Kontext gestellt und dadurch in ungewohnte formale Muster eingebunden wird.“ (Thompson 1995, S. 31)

Durch die konstruktivistische Auffassung des aktiven Zuschauers im Neoformalismus sehe ich eine gute Anschlussfähigkeit an den von mir entworfenen interkulturellen Medienbildungsbegriff. Auf Grundlage des neoformalistischen Ansatzes stelle ich im Folgenden das neoformalistische Filmanalysemodell von Bordwell und Thompson vor. Dabei werde ich, da für diese Arbeit elementar, einen besonderen Fokus auf die Analyse von Dokumentarfilmen werfen.

5.2 Filmanalyse nach Bordwell und Thompson

Um Filme analysieren zu können, bedarf es nach Bordwell und Thomson (2010, S. 117) eines Wissens um den Aufbau und die Beschaffenheit eines Filmes.

> "When we see a film, though, we do not engage only with its form. We experience a film – not a painting or a novel. Analyzing a painting demands a knowledge of color, shape, and composition; analyzing a novel demands knowledge of language. To understand form in any art, we must be familiar with the medium that art utilizes. Consequently, our understanding of a film must also include features of the film medium." (Bordwell/Thompson 2010, S. 117)

---

[8] Mit dem Begriff Ostranenie aus dem russischen Formalismus soll eine Verwechslungsgefahr mit dem Brechtschen Verfremdungsbegriff vermie-den werden. (vgl. Hartmann/Wulff 2002, S. 199 in Anlehnung an Polan 1983 und Kessler 1996)

Bordwell und Thompson (2010, S. 314ff.) schlagen daher vier Schritte zur Analyse eines Filmes vor.

1. Den allgemeinen Aufbau eines Filmes herausarbeiten.
2. Die zentralen Techniken der im Film vorhandenen Cues identifizieren.
3. Zentrale Muster der Techniken bilden.
4. Die Funktion der gefundenen Muster benennen.

Um den allgemeinen Aufbau eines Filmes herauszuarbeiten, beschreiben Bordwell und Thomson (2010, S. 118ff.) vier zentrale Punkte eines Filmes, die Mise en Scène, die Kinematographie, das Editing und den Sound. Diese vier Punkte werde ich kurz vorstellen, sie hinsichtlich meiner Forschungsfrage auf Nützlichkeit im Kontext mit Dokumentarfilmen prüfen und daran anschließend auf die besonderen Formen von Dokumentarfilmen, wie sie Bordwell und Thomson herausstellen, skizzieren.

5.2.1 Mise en Scène

Unter Mise en Scène (franz. für in Szene setzen) werden alle Verfahren zusammengefasst, die zur Inszenierung eines Filmes vor der Kamera stattfinden. Bordwell und Thompson (2010, S. 121ff.) führen vier Aspekte an, unter denen man die Mise en Scène eines Filmes untersuchen kann.

Der erste Aspekt ist das Setting. Beim Setting werden der Ort/die Orte der Handlung (das Set/die Sets), die Ausstattung und Gegenstände eines Ortes beschrieben. Dabei ist Bordwell und Thompson besonders wichtig, wie ein gegebener Ort aufgebaut ist. „The overall design of a setting can shape how we understand story action." (ebd., S. 123) Im Kontext eines Dokumentarfilmes sehe ich das Setting nicht als etwas grundsätzlich Vorkonstruiertes, um damit eine Story voranzutreiben. Dennoch ist es sinnvoll, den Ort der dokumentierten Handlungen in die Analyse einzubeziehen, da ich dadurch Rückschlüsse auf die Lebenswelt der dokumentierten Personen ziehen konnte.

Der zweite Aspekt sind die Kostüme und das Makeup der Schauspieler. Kostüm und Makeup können die Eigenschaften und Besonderheiten eines

Akteurs hervorheben. Im Dokumentarfilm gehe ich nicht von speziell für den Film kostümierten Personen aus, allerdings ließen sich über die Kleidung, insbesondere in fremden Kulturen, wieder Rückschlüsse auf die Forschungsfrage finden.

Der dritte Aspekt der Mise en Scène ist das Lighting/die Licht-gestaltung. Für Bordwell und Thompson können durch die unterschiedliche Lichtgestaltung einer Szene völlig neue Eindrücke einer dargestellten Situation erstellt werden.

„Much of the impact of an image comes from its manipulation of lighting. In cinema, lighting is more than just illumination that permits us to see the action. Lighter and darker areas within the frame help create the overall composition of each shot and thus guide our attention to certain objects and actions. A brightly illuminated patch may draw our eye to a key gesture, while a shadow may conceal a detail or build up suspense about what may be present." (Bordwell/Thomson 2010, S. 131)

Im Zusammenhang mit der Analyse von Dokumentarfilmen, konnten durch Aspekte der Lichtgestaltung Rückschlüsse auf bewusst fokussierte und weniger fokussierte Personen, Raum- und Gegenstandselemente durch die Filmemachenden gezogen werden.

Der vierte Aspekt ist das Staging, bei dem das Schauspielern der Akteure, ihre Bewegungen und Handlungen analysiert werden. Bezogen auf Dokumentarfilme ging ich nicht von einem bewussten Schauspiel der Akteure aus, allerdings ließen sich über Mimik, Gestik und Bewegung Rückschlüsse auf die Personen und ihre Gefühle im jeweiligen Kontext ziehen. Jedoch können dargestellte Situationen immer auch vom Filmemacher arrangiert sein. Da ich jedoch nur mit dem vorhandenen Filmmaterial arbeite und nicht selbst vor Ort war, bzw. mir Hintergrundinformationen darüber fehlen, ob eine Szene bewusst arrangiert wurde, gehe ich von einem Nicht-Schauspielern vor der Kamera aus.

5.2.2 Kinematographie

Im Gegensatz zur Mise en Scène, bei der alles untersucht wird, was vor der Kamera passiert, wird bei der Kinematographie untersucht, was mit der Kamera passiert. Dabei kommen vor allem Aspekte, die aus der Fotografie bekannt sind, zum Tragen. „Cinematography (literally, writing in movement) depends to a large extent on photography (writing in light)." (Bordwell/Thompson 2010, S. 167)

Ein Aspekt der Kinematographie sind die Einstellungsgrößen der Kamera. Eine Einstellung (shot) wird als eine Filmeinheit zwischen zwei Schnitten oder Blenden bezeichnet (vgl. Bordwell/Thompson 2010, S. 195). Die Einstellungsgrößen besagen dabei, wie viel die Kamera von einer Situation darstellt. Dabei wird im deutschsprachigen Raum zwischen Panorama- oder Weitaufnahme, Totale, Halbtotale, halbnaher Einstellung, amerikanischer Einstellung, Nahaufnahme, Großaufnahme, und Detail-aufnahme unterschieden. (vgl. Beil et al. 2012, S. 79f.)

Ein weiterer wichtiger Aspekt ist die Perspektive, aus der eine Situation dargestellt wird. Dabei können unterschiedliche Perspektiven durch Unter- (Froschperspektive) oder Übersichten (Vogelperspektive) oder durch unterschiedliche Kameraobjektive z.B. Weitwinkel oder Teleobjektiv unterschiedliche Sichtweisen erzeugen. Weiter gehören zum Aspekt der Kinematografie Kamerabewegungen, -fahrten und –zooms, durch die die Größe und Tiefe eines Raumes beeinflusst wird. Bordwell und Thompson (2010, S. 186) bezeichnen diese unter Hinzuziehung der Seitenverhältnisse als „Framing".

Die Aspekte der Kinematografie sind besonders für die Analyse eines Dokumentarfilmes interessant. Dass durch die Kamera bestimmte Situationen gerahmt wurden und andere nicht und auch der Aspekt wie sie gerahmt wurden, spielte bei der Analyse eine wichtige Rolle (siehe dazu die Überlegungen von Hohenberger 1988, zur nicht-, vor- und filmischen Realität im Dokumentarfilm, Kapitel 3.1).

5.2.3 Editing

Durch das Editieren der einzelnen Einstellungen und durch die Zusammenführung mit anderen Einstellungen werden Sinnzusammenhänge und Szenen geschaffen.

> „Editing may be thought of as the coordination of one shot with the next. As we have seen, in film production a shot is one or more exposed frames in a series on a continuous length of film stock." (Bordwell/Thompson 2010, S. 223)

Bordwell und Thomson (vgl. 2010, S. 225ff.) unterscheiden vier Dimensionen um eine mögliche Beziehung zwischen einer Einstellung A zu einer Einstellung B herzustellen. Die erste ist eine grafische Beziehung, bei der z.B. Formen und Farben in beiden Einstellungen ähnlich sind. Die zweite ist eine rhythmische Beziehung, z.B. entsteht durch gleiches Schnitttempo ein Zusammenhang zweier Einstellungen. Die dritte ist eine räumliche Beziehung zweier Einstellungen. Die vierte Dimension ist eine zeitliche Anschlussfähigkeit, in dem z.B. flashbacks (Rückblicke) oder flash-forwards (Vorblicke) im Gegensatz zum Jetzt per Schnitt eingefügt werden.

Im Kontext der Analyse von Dokumentarfilmen konnte durch das Editing untersucht werden, wie durch den Schnitt Beziehungen einzelner Situationen zueinander aufgebaut werden und so der Film vorangetrieben wird.

5.2.4 Sound

Unter Sound fassen Bordwell und Thompson (vgl. 2010, S. 270ff.) die Geräusche und Musik eines Filmes zusammen. Sie unterscheiden dabei vier Dimensionen von Film Sound.

Die erste Dimension ist der Rhythmus. Dabei geht es um die Koordination zwischen Bild und Ton, wie beispielsweise in Filmmusicals oder beim sogenannten Mickey-Mousing, bei der auf eine Aktion zeitgleich eine musikalische Reaktion erfolgt.

Die zweite Dimension nennen Bordwell und Thomson „fidelity". „By ‚fidelity', we don't mean the quality of recording. In our sense, fidelity refers to the extent to which the sound is faithful to the source as we conceive it." (ebd., S. 283) Bei dieser Dimension wird also nach der vertrauensmäßigen Verbindung zwischen einer im Film gezeigten Aktion, wie z.B. einem zerspringendem Glas, und dem Sound, der zu hören ist, wie z.B. einem Klirren (bei Verfremdung z.B. ein platschen), unterschieden.

Die dritte Dimension bezieht sich auf die Räumlichkeit des Sounds, dabei unterscheiden Bordwell und Thompson zwischen Tönen und Musik, die im Film stattfinden, wie z.B. eine auf einer Bühne spielenden Band (diegetischer Sound), und Tönen und Musik, die nicht im Film stattfinden, wie z.B. Filmmusik, die dem Film untergelegt wurde (non-diegetischer Sound).(vgl. ebd., S. 284)

Die vierte Dimension bezieht sich auf die Zeit. Dafür untersuchen Bordwell und Thompson, inwieweit Bild und Musik zueinander passend sind. (vgl. ebd., S. 294ff.) So kann die Musik schon einsetzen, bevor die passende Szene dafür gezeigt wird, und umgekehrt.

Bezüglich der Analyse von Dokumentarfilmen konnte der Sound Räume für unbekannte Töne und Musiken öffnen oder durch mimetische wie nicht-mimetische Musik, sowie Off-Stimmen Rahmungen einführen.

5.3 Formen im Dokumentarfilm

Im Unterschied zum fiktionalen Film, stellen Bordwell und Thompson die Besonderheiten eines Nicht-Fiktionalen Filmes heraus. Dabei betonen sie, dass besonders in fiktionalen Filmen nichts dem Zufall überlassen wird, im Gegensatz zum Dokumentarfilm.

> "It is true that, very often, the documentary filmmaker records an event, without scripting or staging it. For example, in interviewing an eyewitness, the documentarist typically controls where the camera is placed, what is in focus, and so on; the filmmaker likewise controls the final editing of the image. [...] A film may mix archival footage, interviews, and material shot on the fly. [...] The typical fictional film stages all or nearly all its events; they are designed, rehearsed, filmed, and refilmed." (Bordwell/Thompson 2010, S. 351ff.)

Zur Analyse von Dokumentarfilmen unterscheiden Bordwell und Thompson vorrangig die Formen in der Narration bzw. Nichtnarration der Filme. Dabei betonen sie, dass die meisten Dokumentarfilme eine narrative Form aufweisen.

> „Narrative form is most common in fictional films, but it can appear in all other basic types. For instance, documentaries often employ narrative form." (Bordwell/Thompson 2010, S. 78)

Eine Narration ist für Bordwell und Thompson (vgl. 2010, S. 79) eine Abfolge von Ereignissen, die in einer Zeit- und Raumverkettung in ihr auftretende Ursache- und Wirkungszusammenhänge präsentiert. Gegenüber narrativen Dokumentarfilmen unterscheiden sie zwei Formen der Nichtnarration die spezifisch in Dokumentarfilmen auffindbar sind: Die kategorische Form und die rhetorische Form.

Bei der kategorischen Form entwickelt sich der Film ausgehend von einer Grundkategorie, aus der Subkategorien gebildet werden. Kategorien sind für Bordwell und Thompson (vgl. 2010, S. 353) Zusammenstellungen, mit denen Individuen oder ganze Gesellschaften ihr Wissen über die Welt organisieren. So gibt es z.B. eine Kategorie „Tiere" aus denen im alltäglichen Gebrauch Subkategorien gebildet werden, z.B. „Haustiere", „Wildtiere", „Nutztiere" etc. Wenn in einem Dokumentarfilm der Filmemacher etwas vermitteln möchte, kann er Mithilfe von Kategorien und Subkategorien das zu Vermittelnde zusammenfassen und anschaulich machen.

> „In categorical form, patterns of development will usually be simple. The film might move from small to large, local to national, personal to public, and so on." (Bordwell/Thompson 2010, S. 354)

Die kategorische Form kann dabei auch mit anderen Formen, wie der narrativen Form, gemischt werden. Durch die Ausweitung der Kategorien und Subkategorien, können so Stück für Stück komplexe Filme entstehen.

> „Categorical form is simple in principle, but filmmakers can use it to create complex and interesting films [...]." (ebd.)

Die zweite nichtnarrative Form ist bei Bordwell und Thompson (2010, S. 359) die rhetorische Form. Dabei versucht der Filmemacher durch rhetorische Mittel die Zuschauer von einer Sache zu überzeugen und sie unter Umständen zum Umdenken und/oder Handeln zu bewegen. Die rhetorische Form zeichnet sich durch vier Eigenschaften aus (ebd.):

1. Die Zuschauer werden direkt angesprochen, um sie zu überzeugen.
2. Der Inhalt des Filmes ist keine wissenschaftliche Wahrheitsfindung, sondern eine Ansammlung an Gründen, warum die Zuschauer für ein bestimmtes Thema aktiv werden sollen.
3. Darauf aufbauend versucht der Filmemacher meist nicht über Faktenvermittlung die Zuschauer zu erreichen, sondern über Emotionen.
4. Die Zuschauer sollen dazu angeregt werden eine Entscheidung zu treffen, die ihren Alltag verändert.

Bei der Analyse von Dokumentarfilmen können sich so je nach verwendeter Form oder Mix-Formen unterschiedliche Arten der Vermittlung ergeben, die es zu berücksichtigen galt.

5.4 Grounded Theory

Der Ansatz der Grounded Theory wurde Mitte der 1960er Jahre von Barney Glaser und Anselm Strauss entwickelt. (vgl. Strübing 2004, S. 7) Die qualitative Methodologie verfolgt dabei das Ziel durch die Analyse empirisch generierten Forschungsmaterials theoriegenerierend zu arbeiten.

> „Eine ‚**Grounded**' **Theory** ist eine gegenstandsverankerte Theorie, die induktiv aus der Untersuchung des Phänomens abgeleitet wird, welches sie abbildet. Sie wird durch systematisches Erheben und Analysieren von Daten, die sich auf das untersuchte Phänomen beziehen, entdeckt, ausgearbeitet und vorläufig bestätigt." (Strauss/Corbin 2010, S. 7f., Hervorhebung im Original)

Somit steht am Anfang des Forschungsprozesses keine zu bestätigende Theorie, sondern diese wird durch den Forschungsprozess selbst erst generiert. Entwickelt hat sich der Ansatz aus der Analyse von textbezogenen Daten, wie z.B. Interviews. In neueren Ansätzen wird versucht die Methodologie auch im Bereich der neoformalistischen Filmanalyse anwendbar zu gestalten. (u.a. Ruge 2012 und Ruge/Könitz 2014)

Die zentrale Aufgabe der Analyse qualitativer Daten mit Hilfe der Grounded Theory stellt das Kodieren der vorhandenen Daten dar. „Daten wie etwa Texte, Bilder, Filme, treten uns zunächst eher als ‚geschlossene Oberflächen' entgegen, denen es einen Sinn erst noch abzugewinnen gilt." (Strübing 2004, S. 19) Der Sinn hinter einem vorliegenden Material erschließt sich laut Strauss und Corbin (2010, S. 44) nur durch die Generierung von Konzepten, da diese „unsere fortlaufende Aufmerksamkeit auf ein Phänomen lenken." Die Konzepte wiederum entstehen durch den Prozess des Kodierens und des ständigen Vergleichs der Ergebnisse in der Auseinandersetzung mit dem vorhandenen Material (vgl. Strübing 2004, S. 19). Strauss und Corbin haben daher ein dreistufiges Kodierungsmodell entwickelt:

1. *Das offene Kodieren*

    „Der Prozess des Aufbrechens, Untersuchens, Vergleichens, Konzeptualisierens und Kategorisierens von Daten". (Strauss/Corbin 2010, S. 43)

2. *Das axiale Kodieren*

    Unterschiedliche Verfahren bei denen Verbindungen zwischen den im offenen Kodieren entstandenen Kategorien hergestellt und diese in einen Kontext gesetzt werden.

3. *Das selektive Kodieren*

    Die Herausarbeitung einer Kernkategorie, die das zentrale Phänomen darstellt, um das alle anderen Kategorien herum integriert sind.

Durch den ständigen Vergleich der empirischen Daten mit den daraus gewonnen Kategorien und Konzepten und der daraus dann folgenden Theoriebildung sind die drei Kodierverfahren nicht voneinander getrennt und chronologisch nacheinander folgend zu betrachten, sondern müssen als parallele Arbeitsschritte gesehen werden. Die Grounded Theory betont „die *zeitliche Parallelität* und wechselseitige *funktionale Abhängigkeit* der Prozesse von Datenerhebung, -analyse und Theoriebildung [...]. Keiner dieser Prozesse wird als jemals vollständig abschließbar aufgefasst, Theorie bildet nicht den Endpunkt des Forschungsprozesses, allein schon, weil sie kontinuierlich, d.h. von Beginn der Forschungsarbeit an, produziert wird und keinen festen Endpunkt kennt [...]." (Strübing 2004, S. 14, Hervorhebung im Original)

Da es für die Fragestellung meiner Arbeit wichtig war, Muster herauszuarbeiten, wie Interkulturalität im Dokumentarfilm für Kinder inszeniert wird, blieb ich in meiner Analyse beim offenen Kodieren.

„Offenes Kodieren ist der Analyseanteil, der sich besonders auf das Benennen und Kategorisieren der Phänomene mittels einer eingehenden Untersuchung der Daten bezieht." (Strauss/Corbin 2010, S. 44)

Das empirische Material wird dabei in kleine Sinneinheiten aufgebrochen, sogenannte Konzepte, denen gewisse Eigenschaften zugeordnet werden. Die Konzepte werden miteinander verglichen und zusammengehörige Konzepte zu Kategorien zusammengefasst. Es folgt ein Überblick über die vier wichtigen, von Strauss und Corbin (vgl. 2010, S. 43) verwendeten Termini beim offenen Kodieren:

1. *Konzepte*

   Die kleinste Sinneinheit, die einem bestimmten Ereignis oder Vorkommnis für ein Phänomen zugeordnet werden kann.

2. *Kategorie*

   Eine Klassifikation von Konzepten, die dadurch zustande kommt, dass sich mehrere Konzepte auf ein bestimmtes Phänomen beziehen. Die Kategorie ist somit eine Abstraktion mehrerer Konzepte.

3. *Eigenschaften*

   Beschreibungen einer Kategorie, d.h. Attribute und/oder Charakteristika, die eine Kategorie ausmachen.

4. *Dimension*

   Die Eigenschaften einer Kategorie werden in einem Kontinuum dimensionalisiert, sodass ihnen einzelne Werte zugewiesen werden können.

Während des Analyseprozesses habe ich sogenannte Memos verfasst, auf denen ich Gedanken und Anmerkungen festhielt, die mir zur Theoriebildung wichtig erschienen. Diese Notizen mussten dabei teilweise wieder verworfen werden, halfen aber auch bei der Abstraktion gewonnener Ergebnisse.

Ein weiterer wichtiger Schritt bei der Analyse der Dokumentarfilme war das theoretische Sampling. Theoretisches Sampling bedeutet, dass auf Basis von Konzepten, weitere Datenquellen (Samples) herangezogen werden, die eine sich entwickelnde Theorie bestätigen. (vgl. Strauss/Corbin 2010, S. 148) So habe ich zunächst einige wenige Filme intensiv analysiert und aus diesem Material Konzepte entworfen. Darauf folgend erweiterte ich das Feld durch weitere Filmanalysen, um die gefundenen Konzepte zu bestätigen, zu erweitern bzw. umzuschreiben oder verwerfen zu müssen. Ein weiterer wichtiger Vorgang stellt die minimale und maximale Kontrastierung der Daten dar. Minimale Kontrastierung bedeutet, dass zunächst ähnlich gelagerte Fälle zum Vergleich herangezogen werden, maximale Kontrastierung dementsprechend Fälle, die sich stark von bisher untersuchten unterscheiden. In meiner Analyse zeigte es sich als fruchtbar, zunächst Dokumentarfilme einer Sendereihe miteinander zu vergleichen, um sie dann im zweiten Schritt mit anderen Filmen oder Reihen zu kontrastieren. Dies erfolgte solange, bis eine theoretische Sättigung stattfand, d.h. ich keine neuen Erkenntnisse durch die Hinzuziehung weiterer Filme gewann.

5.5 Einschränkung des Feldes (Samples)

Die Auswahl der gesichteten Filme erfolgte unter bestimmten Kriterien, die ich folgend kurz darstellen werde. Die erste Einschränkung orientiert sich am oben dargestellten Kulturbegriff von Nieke (2008, S. 50): „Kultur ist die Gesamtheit der kollektiven Orientierungsmuster einer Lebenswelt (einschließlich materieller Manifestation)." Um die Inszenierung von Interkulturalität im Dokumentarfilm für Kinder analysieren zu können, bin ich bei meinen Analysen von meinem eigenen, „deutschen" Kulturraum ausgegangen. Diesen Kulturraum habe ich dabei aus forschungs-pragmatischer Sicht wie folgt eingegrenzt: Zum einen territorial durch die politisch-geografische Abgrenzung Deutschlands zu anderen Ländern. Zum anderen sprachlich durch den Gebrauch der deutschen Sprache, im Sinne des Standarddeutschen.

Den deutschen Kulturraum unter Einbeziehung und Reflexion von z.B. Migrationsprozessen, Europäisierung, Globalisierungsprozessen, unterschiedlichster Dialekte und Akzenten zu definieren, hätte den Rahmen und die Komplexität der Analyse gesprengt.

Weiter musste ich beachten, dass ich Filme analysierte die für kindliche Rezipienten gedacht sind, ich diese aber als Erwachsener mit demensprechend anderem Erfahrungswissen untersuchte. Kindliche Rezipienten sind im Sinne dieser Arbeit Kinder im Alter zwischen 8 und 13 Jahren. Das hängt damit zusammen, dass ich von einer gewissen grundlegenden Sehfähigkeit der Kinder ausgehen muss, um die gezeigten Filme rahmen zu können. So arbeiten viele Filme u.a. mit Untertiteln, was nicht nur eine gewisse Lesefähigkeit, sondern auch Lesegeschwindigkeit und Leseverständnis vorrausetzt. Auch muss ich von einem, zumindest in Grundzügen vorhandenen, geografischen Weltwissen ausgehen, dass es Kindern ermöglicht zwischen ihrem „deutschen" Standort und dem der gezeigten, anderswo liegenden Orte, unterscheiden zu können. Mit kindlicher Medienaneignung und -gebrauch in dieser Altersgruppe beschäftigen sich ausführlich u.a. Charlton et al. (1992), Baacke (1999) sowie die KIM-Studie (2012) des Medienpädagogischen Forschungs-verbunds Südwest.

Zusammenfassend bin ich von in Deutschland lebenden und deutsch sprechenden kindlichen Rezipienten im Alter von 8 bis 13 Jahren ausgegangen. Um die Forschungsfrage beantworten zu können, habe ich Filme ausgewählt, die dokumentarisch die Lebenswelt von Kindern thematisieren, die weder territorial noch sprachlich mit den kindlichen Rezipienten verbunden sind.[9]

Die zweite Einschränkung bezieht sich auf die Aussortierung von Filmen die, wie in der Analyse von Webersinke (2009), non-fiktionale und fiktionale Elemente miteinander vermischen. Webersinke (ebd., S. 249) spricht in diesem Fall vom „dokumentarischen Spielfilm". Das bedeutet nicht, dass in den Filmen keine Hybrid-Formate vorkommen durften, allerdings nicht in Form bewusst geschauspielerter Szenen. Diese Einschränkung rührt daher, dass keine anderen Filme in dieser Art und Weise gearbeitet haben und ich somit diese (zwei[10]) ausschloss, um keine Verzerrung durch das Material zu erhalten.

In der Recherche zeigte sich, dass außer den beiden oben ausgeschlossenen Filmen und einem weiteren nicht ins Themenfeld passenden Film[11], keine Dokumentarfilme für Kinder auffindbar waren, die auch als Kinoproduktionen vermarktet wurden. Das bestätigt die Feststellung von Töpper (2006), dass Kinderdokumentarfilme fast nur im Fernsehen auffindbar seien. (Siehe Kapitel 3.3) Somit konnte ich nur auf Filme zurückgreifen, die im deutschen Fernsehen gesendet wurden. Dabei handelte es sich wiederum um Sendereihen. Die Filme waren also nicht eigenständig, sondern jeweils einer Sendereihe zugeordnet. Das führte jedoch, wie die Analyse zeigte, nicht automatisch dazu, dass die Filme einer Reihe automatisch einem gewissen Muster zugeordnet werden können.

---

[9] Auch wenn sicher z.B. die Analyse eines Dokumentarfilmes interessant gewesen wäre, der die Lebenswelt eines Kindes in Oberbayern thematisiert und u.U. von einem Kind in der Berliner Großstadt gesehen würde.

[10] Zum einen „Chaupi Mundi – Die Mitte der Welt" aus dem Jahr 1992, von Antje Starost und zum anderen „Die Höhle des gelben Hundes – Eine Geschichte in der Mongolei" aus dem Jahr 2005, von Byambasuren Davaa.

[11] Dabei handelt es sich um den Film „Willi und die Wunder dieser Welt" (2009), bei dem der aus dem Kinderfernsehen in Deutschland bekannte Moderator Willi Weitzel sein wissensvermittelndes Fernsehformat (Willi wills wissen) als Kinoformat produzierte.

Bei den Reihen handelt es sich um Folgende, mit Kurzbeschreibungen von den Internetseiten der Sender:

1. *Fremde Kinder (3Sat seit 1993)*
   „Geschichten von Kindern aus aller Welt: Die Reihe widmet sich Jungen und Mädchen bis zu 14 Jahren in oftmals schwierigen Lebenssituationen, ergreift für sie Partei und verleiht ihnen eine Stimme. Im Mittelpunkt eines jeden Beitrags steht ein Kind, aus dessen Perspektive der Film erzählt." (3Sat.de)

2. *Alle Kinder dieser Welt (arte 2008)*
   „Ein Tag im Leben eines Kindes: Die kleinen ARTE-Reiseleiter sind rund um den Globus unterwegs. Es geht mitten durch den Dschungel, über weite Sanddünen und bis zu den höchsten Gipfeln der Erde. Eine Reise zu den Spielen, Wünschen und Traditionen von Kindern aus allen Teilen dieser Welt." (arte.tv)

3. *Ein Tag mit…(arte 2011)*
   „Die dokumentarische Reihe ‚Ein Tag mit…' begleitet zehn afrikanische Kinder aus dem Senegal, Mali, Burkina Faso und dem Niger durch den Tag. Vom Aufstehen am Morgen, dem Weg zur Schule, dem gemeinsamen Essen in der Familie über die Spiele am Nachmittag und Aufgaben im Haushalt entdecken die kleinen Zuschauer eine andere Kultur und deren Traditionen." (arte.tv)

4. *Schau in meine Welt (Kinderkanal 2012)*
   „Geschichten von Kindern in Deutschland und der Welt, die die Zuschauer in Staunen versetzen […]. Schau in meine Welt! ist eine Einladung und zugleich die Eintrittskarte in Lebenswelten, die Kindern bislang gänzlich unbekannt oder zumindest so nicht bekannt waren." (kika.de)

Zur Sendereihe „Schau in meine Welt" muss angemerkt werden, dass ich nur Filme zur Analyse heranzog, die die Lebenswelt von Kindern anderer Kulturkreise thematisierte. Um möglichst aktuelle Darstellungen zu erhalten, habe ich nur Filme aus den letzten sechs Jahren zur Analyse herangezogen. Das bezieht sich dabei auch nur auf die Reihe „Fremde Kinder", die seit 1993 produziert wird.

5.6 Zusammenfassung

In der folgenden Untersuchung analysiere ich, wie Dokumentarfilme Interkulturalität inszenieren. Dafür bediene ich mich methodisch zum einen der neoformalistischen Filmanalyse, zum anderen der Grounded Theory. Beide Ansätze sind dadurch miteinander vereinbar, dass sowohl Bordwell und Thompson, als auch Strauss und Glaser ihre Ansätze nicht als allumfassende Welterklärungstheorien bezeichnen. (vgl. Ruge/Könitz 2014) Zum anderen sind beide Ansätze induktiv angelegt, d.h. dass sie auf Grundlage empirischen Materials theoriegenerierend arbeiten. (vgl. ebd.) Die Möglichkeiten des Kodierens filmischen Materials sind zwar aufwendiger als das Zerlegen eines Textes, wurden aber in anderen Forschungskontexten schon erfolgreich getestet.

> „Während sich ein Text noch relativ einfach zerlegen lässt, da die Sinneinheiten in der Regel nacheinander auftreten, können in einem Filmbild verschiedene Gehalte kumulieren und z.B. die Ebene der Mise-en-scène eine andere Botschaft vermitteln als der Sound. Das Problem der kulminierenden Bedeutungsgehalte lässt sich insofern umgehen, als dass es kein Problem darstellt einem Bild bzw. Sequenz verschiedene Codes zuzuweisen." (Ruge 2012, S. 73)

Zur Filmanalyse habe ich das Programm „f4" verwendet, das in der aktuellen Version leider noch kein Kodierungsverfahren anbietet, sodass ich diese Arbeit manuell am ausgedruckten Skript durchgeführt habe.

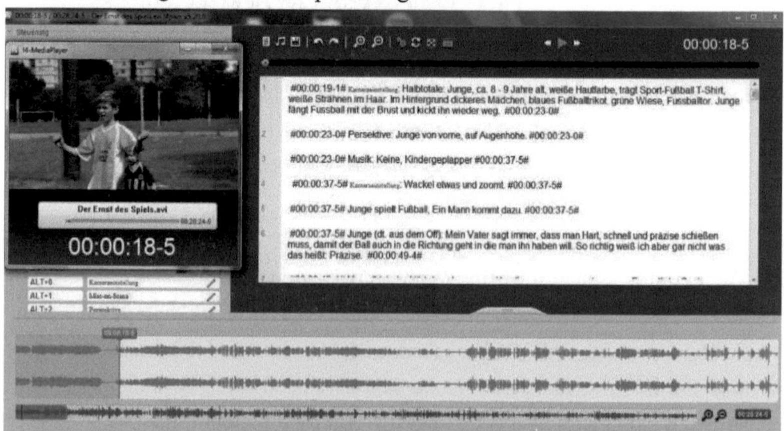

Abb. 5: Screenshot des Filmanalyseprogramms „f4".

Durch die unterschiedliche Dimensionierung der gebildeten Kategorien in einem Film, ergaben sich im Vergleich zu anderen Filmen Ähnlichkeiten und Abweichungen, im Sinne minimaler und maximaler Kontrastierung. Filme, die eine ähnliche Dimensionierungsstruktur aufwiesen, wurden einem Muster zugeordnet. Die gesamte Analyse ist dabei durch die Theorie der strukturalen Medienbildung unter Hinzuziehung des Kulturbegriffs von Nieke gerahmt. Zur Veranschaulichung stelle ich den Forschungsprozess nochmal grafisch dar:

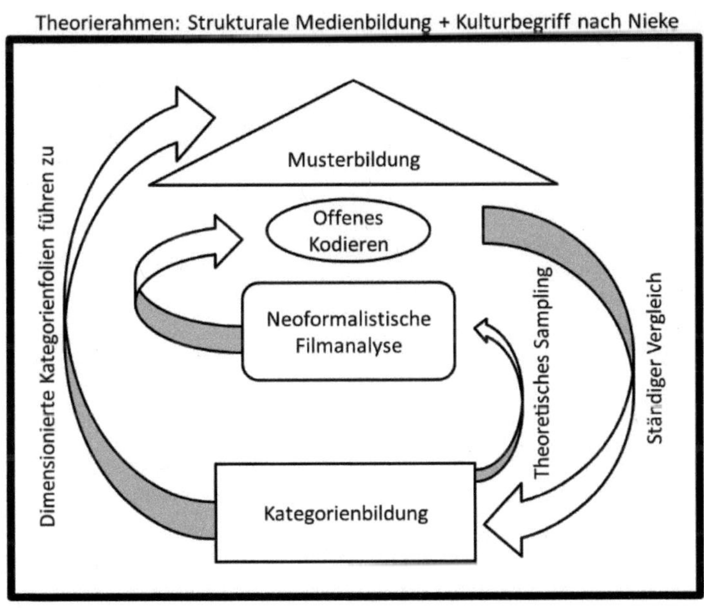

Abb. 6:Induktiver Forschungsprozess dieser Arbeit. Eigene Darstellung.

6. Empirie

Im folgenden Kapitel werde ich die Ergebnisse meiner empirischen Analysen vorstellen. Dazu folgt zunächst die Darstellung des Kategorien-systems, das die Inszenierung von Interkulturalität im Dokumentarfilm für Kinder thematisiert. Anschließend stelle ich die entstandenen Muster vor, die sich aus der unterschiedlichen Dimensionierung der Kategorieneigenschaften ergeben haben.

6.1 Das Kategoriensystem

Durch die Analyse der Dokumentarfilme und des ständigen Vergleichs der herausgearbeiteten Konzepte, ergaben sich vier Kernkategorien, die die Forschungsfrage, wie Interkulturalität im Dokumentarfilm für Kinder inszeniert wird, beantworten können. Die Kategorien habe ich wie folgt benannt: „Kontextualisierung", „Kindheitskonstruktion", „non-verbale Identifikation mit kindlichen Akteur" und „Transkulturalität".

Die Kategorie der „Kontextualisierung" bezieht sich auf eine verbal und/oder textlich vermittelte Rahmungsinstanz des filmisch Dargestellten. Bei der Kategorie „Kindheitskonstruktion" geht es um den Transfer des, aus westlicher Sicht, besonders im letzten Jahrhundert, entwickelten Kindheitsbildes, auf die in einem Film dargestellte Kindheit. Die Kategorie „non-verbale Identifikation mit kindlichem Akteur" thematisiert die, vor allem durch kinematografische Einstellung, hergestellte emotionale Verbindung zum im Film dargestellten Kind. Die Kategorie „Transkulturalität" behandelt im Film vorhandene Symbole, Darstellungen und/oder Handlungen, die ich nicht einer spezifischen Kultur zuordnen wollte oder konnte, sondern sie metakulturell, im Sinne einer kulturübergreifenden Praxis, eben transkulturell rahmte.

Die vier Kategorien bewegen sich dabei auf unterschiedlichen Ebenen. Die Kategorie der „non-verbalen Identifikation mit kindlichen Akteur", bewegt sich auf einer Mikroebene, da sie unmittelbar die dargestellten Kinder im Film thematisiert. Eine Ebene darüber ordne ich die Kategorie „Kontextualisierung" ein, da sie das filmisch Dargestellte mit Hilfe der deutschen Sprache und Kultur rahmt und einordnet, aber noch auf der Ebene der Personen verbleibt. Die

Kategorien „Transkulturalität" und „Kindheitskonstruktion" liegen auf einer Makroebene, da sie gesamtgesellschaftliche Phänomene thematisieren und keine individuellen.

Im Folgenden stelle ich die einzelnen Kategorien mit ihren Eigenschaften und Dimensionen genauer vor. Zunächst jedoch noch einmal eine grafische Darstellung der Kategorien und der dazugehörigen Eigenschaften :

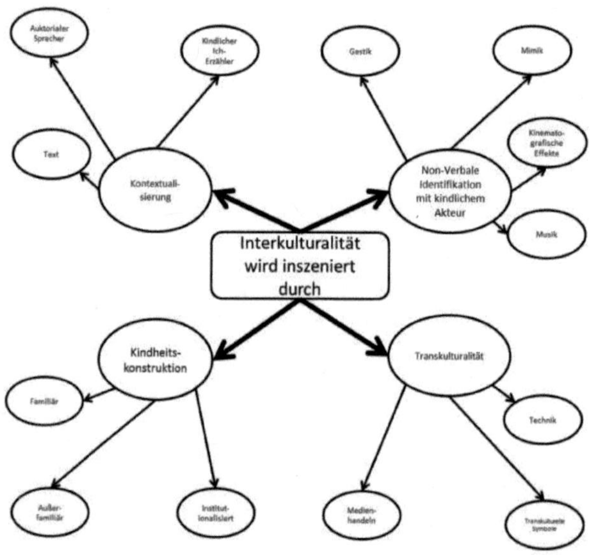

Abb. 7: Das Kategoriensystem mit den dazugehörigen Eigenschaften.

6.1.1 Kontextualisierung

Die Kategorie der Kontextualisierung ist die eindeutigste, bei der Beantwortung der Frage, wie Interkulturalität im Dokumentarfilm für Kinder inszeniert wird. Durch die drei Eigenschaften dieser Kategorie „auktorialer Sprecher", „kindlicher Ich-Erzähler" und/oder „Text" erhält der kindliche Zuschauer eine Rahmungsvorgabe um das Gezeigte einordnen zu können.

Auktorialer Sprecher

Der auktoriale Sprecher ist gleichzusetzen mit der von Nichols (1994, S. 32) herausgearbeiteten, allwissenden „Voice-of-God". Der auktoriale Sprecher rahmt das Gezeigte auf eine für Kinder verständliche Art und Weise. Er führt ins Thema ein, beschreibt dafür oftmals kurz geografisch das gezeigte Land, stellt die kindliche Hauptfigur vor und den städtischen oder ländlichen Dreh-ort. Während des Filmes treibt er die Narration anhand seiner erzählten Geschichte und den dazu passenden Bildern voran. Nebenbei erklärt der auktoriale Sprecher oftmals Sitten und Gebräuche und kulturelle Besonderheiten. Der auktoriale Sprecher kann aber auch ethisch/moralisch rahmen, er kann Fragen stellen, dialektische Beziehungen aufbauen (z.B. in „gut" und „schlecht") und Gesamtbewertungen abgeben. Wenn er vorhanden war, präsentierte sich der auktoriale Sprecher in allen Filmen als eine nicht sichtbare, männliche, deutsche Stimme. In der Dimensionierung war der auktoriale Sprecher entweder vorhanden oder nicht vorhanden.

Kindlicher Ich-Erzähler

Der kindliche Ich-Erzähler[12] rahmt den Film aus der Perspektive des kindlichen Akteurs. Dabei stellt sich das Kind, dessen Lebenswelt thematisiert wird, selbst vor und erklärt seine Umwelt aus subjektiver Sicht. Gezeigte Situationen werden aus kindlicher Perspektive gerahmt und bewertet. Während des Filmes beschreibt das Kind dabei immer wieder seine subjektiven Gedanken, Gefühle, Träume und Wünsche im Zusammenhang mit dem filmischen Kontext.

Der kindliche Ich-Erzähler agiert zum einen direkt vor der Kamera, das heißt, er ist selbst Teil des gezeigten Geschehens. Um zum Ich-Erzähler vor der Kamera zu werden, kann ein Kind die vierte Wand durchbrechen[13] und direkt in die Kamera sprechen oder vom Filmemacher interviewt werden, sodass ein klarer Bruch zwischen Narration und Erzähl-Situation entsteht. Zum anderen kann ein Kind seine Geschichte auch aus dem Off-Erzählen, das heißt, es wird nicht gezeigt, wie das Kind spricht, es wird nur hörbar gemacht. Die

---

kindliche Off-Stimme kann dabei leise in der Originalsprache zu hören sein, der eine nachgesprochene kindliche deutsche Stimme übergelegt wurde, oder ohne leise Originalstimme nur mit einer nachgesprochenen deutschen Stimme. Die nachgesprochene deutsche Kinderstimme kann auch vor der Kamera zum Einsatz kommen, zum einen in Interviews und der Durchbrechung der vierten Wand, zum anderen aber auch in gezeigten Situationen. Wenn dies der Fall ist, wurden auch die Stimmen anderer Akteure (Eltern, Geschwister, Freunde etc.) mit einer deutschen Stimme nachgesprochen. Auch der kindliche Ich-Erzähler kann in der Dimensionierung entweder vorhanden oder nicht vorhanden sein.

Text

Die Eigenschaft „Text" der Kategorie „Kontextualisierung" rahmt Gezeigtes mit Hilfe von textlichen Hinweisen und Untertiteln. Textliche Hinweise können dabei geografischer, zeitlicher oder personenspezifischer Natur sein. Die häufigste Verwendung ist die in Form von Untertiteln, bei der dargestellte Situationen im Originalton belassen wurden und Gesagtes mit Hilfe von ins Deutsche übersetzen Zeilen transferiert wird. Die Eigenschaft „Text" kann dabei in „Untertitel" und „Hinweise" dimensioniert werden.

6.1.2 Kindheitskonstruktion

Die Kategorie „Kindheitskonstruktion" ist eine makrosoziologische und bedarf zunächst einer genaueren Definition. Der Begriff „Kindheit" ist dabei zunächst vom Begriff des „Kindseins" zu unterscheiden. Ein Kind zu sein wird laut Honig (2008, S. 11) aus sozialisationstheoretischer Sicht als „individueller Entwicklungsprozess" verstanden, also aus der Sichtweise des einzelnen kindlichen Individuums. Wird allerdings dieses individuelle „Kindsein" in einen soziokulturellen Kontext gesetzt, also „als generalisierte Zuschreibung des „Kindseins"" (ebd.), wird laut Honig von „Kindheit" gesprochen.

Kindheit nach unserem heutigen Verständnis ist nach Honig (vgl. ebd., S. 10ff.) seit der Aufklärung (Mitte bis Spätes 18. Jahrhundert) langsam entstanden. Dafür nennt er folgende Gründe:

1. Geschichtliche Individualisierungsschübe hätten auch zu einer „Individualisierung der Kindheit" (ebd., S. 10) geführt. Das würde sich

zum einen dadurch zeigen, dass der Status „Kind" verrechtlicht und Kindern so ein „Bürgerstatus" verschafft wurde. Zum anderen bedeutet dies, „dass Kinder strukturell auf Selbst-Konstituierung verwiesen sind," (ebd.) sodass sie als selbs-thandelnde Akteure „ihres Aufwachsens gesehen" werden müssen.

2. Die Individualisierung der Kindheit hängt stark zusammen mit einer „Institutionalisierung der Kindheit." (ebd.) Das bedeutet, dass es vor allem im Laufe des 20. Jahrhunderts, zu einer „De-Familialisierung" der Kindheit gekommen sei, da Kinder nun verstärkt in Kindergärten, Schulen, Horten und Freizeitein-richtungen einen Teil ihres Alltags verbringen. Je größer die Ausdifferenzierung der kindlichen Lebenswelt wird, desto größer wird die Bedeutung der „Individualisierung der Kindheit" (Honig 2008, S. 11).

Honig (2008) skizziert anhand geschichtlicher gesellschaftlicher Entwicklungen, wie sich der Begriff Kindheit bedingt durch Industrialisierung und (Post-) Modernisierungsschübe, zu unserem heutigen Verständnis entwickelt hat. Er macht dabei deutlich, dass „Kindheit" immer im Kontext gesellschaftsgeschichtlicher Entwicklungen betrachtet werden muss. Somit stellt „Kindheit" kein festes gesellschaftliches Element dar, sondern ist stets ein Konstrukt aktueller gesellschaftlicher Zuschreibungen und damit einem stetigen Wandel unterworfen.

Die in dieser Arbeit verwendete Kategorie „Kindheitskonstruktion" meint nun eine, aus westlicher Sicht, bestehende Definition von Kindheit, die den dargestellten Kulturen übergeworfen wird. Damit beziehe ich mich auf Nieke, (2008, S. 73.) der in seinen zehn Zielen Interkultureller Erziehung und Bildung an erster Stelle nennt: „Erkennen des eigenen, unvermeidlichen Ethnozentrismus." Ich gehe also davon aus, dass die Darstellung der Kindheit im Dokumentarfilm für Kinder durch ein unvermeidlich ethnozentristisch-konstruiertes Kindheitsbild gerahmt wird. Im Zuge der Analysen zeigte sich, dass Kindheitskonstruktionen in den Filmen familiär, außerfamiliär und institutionalisiert erfolgen. Die Dimensionierungen erfolgen dabei in „individualistisch" und „kollek-tivistisch". Diese Einteilung ist stark reduktionistisch, war aber forschungs-pragmatisch notwendig. Ich beziehe mich dabei im Groben auf Parsons (1951) „pattern variables". Dabei geht es Parsons um fünf dichotome

Handlungsentscheidungen, die jedes Individuum bewusst oder unbewusst trifft. Eine davon ist die Unterscheidung in Selbstorientierung versus Kollektivorientierung.

Familiär

Die Konstruktion von Kindheit innerhalb dargestellter Familien läuft zunächst einmal über die Darstellung der Familie selbst. Das kann z.B. durch die Zuordnung der gezeigten Personen in uns bekannte Personenmuster, wie „Vater", „Mutter", „Bruder", „Schwester", „Oma", etc. erfolgen. Weiter kann die Kindheitskonstruktion anhand individueller kindlicher Freiräume, z.B. durch ein eigenes Zimmer, Spielzimmer, Rückzugsräume etc. gerahmt werden. Auch Aufgaben und Pflichten innerhalb der Familie zählen zu dieser Eigenschaft. Die Dimensionierung erfolgt dabei in „individualistisch", z.B. in Form großer Freiräume für das Kind, oder „kollektivistisch", z.B. dadurch, dass die gesamte Familie als wichtiger erachtet wird, als jeder Einzelne.

Außerfamiliär

Die außerfamiliäre Kindheitskonstruktion bezieht sich auf alle Bereiche einer kindlichen Lebenswelt, die nicht durch Familie oder Institutionen gerahmt werden. Das kann z.B. der Umgang mit anderen Erwachsenen auf der Straße, auf dem Markt oder der Arbeit sein. Aber auch Freizeitbeschäftigungen, wie z.B. das Spielen mit Freunden gehören dazu. Die Dimensionierung erfolgt ebenfalls nach „individualistisch" und „kollektivistisch".

Institutionalisiert

Die Eigenschaft „institutionalisiert" bezieht sich auf die Bezugnahme kindlicher Institutionen, wie Kindergarten, Schule, Ämter, Freizeiteinrichtungen etc. im Film. Wieder dimensioniere ich diese Eigenschaft nach „individualistisch" und „kollektivistisch".

6.1.3 Non-verbale Identifikation mit kindlichem Akteur

Die Kategorie „non-verbale Identifikation mit kindlichem Akteur" liegt auf einer Mikroebene und ist den kindlichen dargestellten Protagonisten am nächsten. Mit Hilfe hauptsächlich der Kinematografie, das heißt Einstellungsgrößen, Perspektive, Kameraschwenks, Schnitten etc., aber auch durch Musik, wird eine unmittelbare Annäherung an den kindlichen Akteur erzeugt, ohne dabei sprachliche und/oder textliche Mittel verwenden zu müssen. Somit wird über diese Kategorie Interkulturalität emotional und nicht kognitiv inszeniert. Folgend der Redensart „Verständigung mit Händen und Füssen" wird der zwischenmenschliche Transfer am niedrigstschwelligen hergestellt.

Unter Reflexion der Theorie des Dokumentarfilmes, wonach erstens das Gezeigte nicht unbedingt der Realität entsprechen muss und zweitens Menschen, wenn sie gefilmt werden unter Umständen anders reagieren, als ohne Kamera, zeigten sich mir in der Analyse wichtige Hinweise bei der Darstellung von Kindern im Dokumentarfilm. Die dargestellten Emotionen (Freude, Angst, Wut etc.) der Kinder, spiegelte einen hohen Grad an Authentizität wieder. Anders als bei vorhandenen Erwachsenen, denen eine vorhandene Kamera oftmals sichtbar bewusst war, spiegelten die Kinder, je jünger, desto intensiver, ihre Natürlichkeit vor der Kamera.

Auch bei der Darstellung von Emotionen muss von einer ethnozentristischen Sichtweise ausgegangen werden. Nicht alle gezeigten Emotionen müssen das ausdrücken, was ich, aus deutscher Perspektive, darunter verstehe. So hat ein Lächeln, besonders in asiatischen Ländern, unzählige Bedeutungen und kann schnell aus eurozentristischer Sichtweise miss-verstanden werden.[14] Dennoch gehe ich davon aus, dass durch die Darstellung von Emotionen eine Erfahrung einer anderen kindlichen Lebenswelt ermöglicht wird, auch wenn dies zu Missverständnissen führen kann.

---

[14] So soll z.B. durch das Lernprogramm „Global Emotion", Managern die unterschiedlichsten Lächelarten gezeigt und beigebracht werden, da ein Großteil der Geschäfte z.B. nach China aufgrund von Missverständnissen nicht zustande kommen.
(vgl. http://www.faz.net/aktuell/wirtschaft/karrieresprung-was-hinter-dem-laecheln-der-chinesen-steckt-1695259.html am 30.05.2013)

Mimik

Durch Mimik spiegelten sich in den Filmen aktuelle Emotionszustände der Kinder in ihren Gesichtern. Plutchik (1980 zitiert nach Krech/Crutchfield 2006, S.60) hat hierfür acht Grundemotionen herausgearbeitet: Panik, Wut, Freude, Traurigkeit, Vertrauen, Ekel, Erwartung und Überraschung. Die Mimik konnte dabei stark, mittel oder wenig durch die Kamera fokussiert sein.

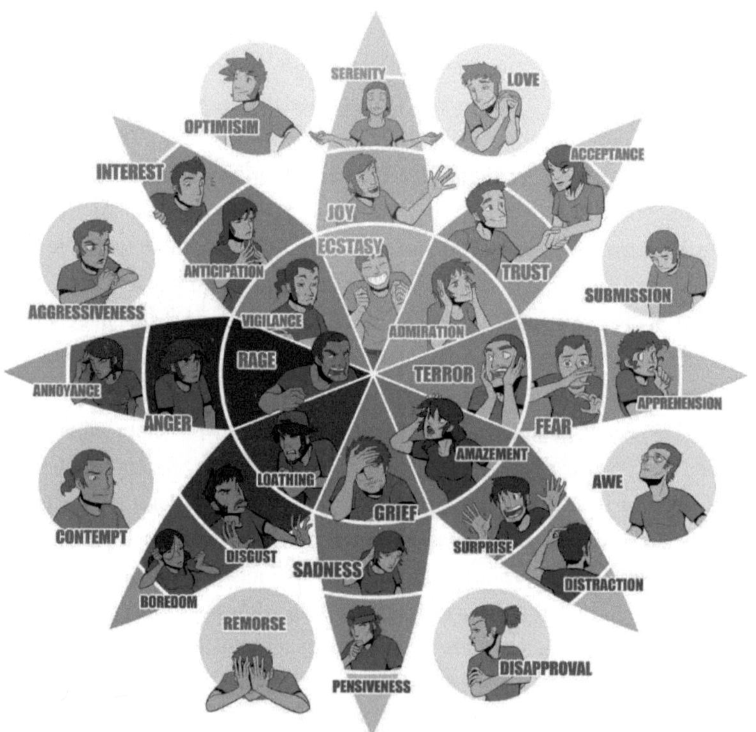

Abb. 8: Plutchik's Wheel of emotions. Abbildung von Dan Jones (2012). Unter: http://www.copypress.com/blog/wp-content/upload.s/2012/09/Wheellarge.png am 30.05.2013.

Gestik

Gestik ist eng verknüpft mit menschlicher Mimik und verleiht einer Emotion durch den Einsatz des Körpers entsprechenden Nachdruck (vgl. Krech/Crutchfield 2006, S. 57). Auch Gestik lässt sich nach einer starken, mittleren oder geringen Fokussierung dimensionalisieren. In Anlehnung an Plutchik (1980) lassen sich Grundemotionen in der Verbindung von Mimik und Gestik zeichnerisch plakativ wie folgt darstellen:

Kinematografische Effekte

Kinematografische Effekte verstärken gewisse Situationen emotional. Durch spezielle Blenden, Zeitlupen, Zeitsprünge, Wiederholungen von Sequenzen, Hereinnahme kurzer fiktionaler Filmelemente etc. werden Aussagen eines Sprechers oder Kindes emotional verstärkt und gerahmt. Bei den Effekten muss dabei von subjektiven, intentionalen Motiven des Filmemachers ausgegangen werden, um eine gezeigte Situation auf eine in seinem Sinne „richtige" Weise zu deuten. Kinematografische Effekte sind entweder vorhanden oder nicht vorhanden.

Musik

Musik stellt einen wichtigen Bereich, vorrangig im fiktionalen Film dar. Bordwell und Thompson (2010, S. 264) stellen dazu fest:

> "Whether noticed or not, sound is a powerful film technique for several reasons. For one thing, it engages a distinct sense mode. [...] More significantly, the engagement of hearing opens the possibility of what the Soviet director Sergei Eisenstein called 'synchronization of senses' – making a single rhythm or expressive quality unify both image and sound."

Der Einsatz von Musik in den analysierten Dokumentarfilmen kann eine nonverbale Identifikation herstellen, je nach Einsatz durch den Filmemacher. Musik kann dabei zum einen im Film selbst zum Thema werden, u.a. wenn ein Kind Musik hört oder zu einer Musik getanzt wird. In diesem Fall spreche ich von „diegetischer" Musik. Wenn Musik im Nachhinein über das Filmmaterial gelegt wurde und so gewisse emotionale Effekte erzeugt werden sollen, spreche ich von „nicht-diegetischer" Musik. Als drittes kann Musik auch nicht vorhanden sein.

6.1.4 Transkulturalität

Die Kategorie „Transkulturalität" bezieht sich auf den Begriff von Welsch (2001), der damit die stattfindende Transformation von Kulturalität begrifflich definierte. Das bedeutet, dass Kulturen nicht mehr als in-sich-geschlossene Konzepte verstanden werden können, sondern, dass diese, beeinflusst durch externe Vernetzung, Hybridisierung und Auflösung der Eigen-Fremd-Differenz, zur Auflösung des homogen verstandenen Kulturbegriffs führen. (siehe dazu auch Kapitel 2.) In den Analysen zeigte sich, mal mehr, mal weniger ausgeprägt, wie sich diese Transformationen in den gefilmten Kulturen niederschlagen. Dabei haben sich die Eigenschaften „Technik", „Medienhandeln" und „Transkulturelle Symbole" als zielführend erwiesen.

Technik

Unter Technik verstehe ich die Darstellung elektronischer Medien im filmischen Material. Elektronische Medien können Fernseher, CD-Spieler, Handys, Radios, Computer, aber z.B. auch ein Kino sein. Diese müssen dabei nicht explizit im Fokus einer Handlung stehen, sondern können auch nebenbei im Hintergrund auftauchen. Technik ist in einem Film stark, wenig oder gar nicht thematisiert.

Medienhandeln

Medienhandeln spezifiziert vorhandene Technik, indem ein Kind diese im gefilmten Alltag nutzt. Das kann z.B. Fernsehen, Telefonieren, Spielen und Musik hören mit dem Handy, Spielkonsolennutzung, Surfen, Chatten oder Telefonieren über das Internet, aber auch der Gebrauch von Medien für die Schule bedeuten. Medienhandeln kann stark, wenig oder gar nicht thematisiert werden.

Transkulturelle Symbole

Transkulturelle Symbole stellen Bilder, Gegenstände, Grafiken, Prominente, Filme, Serien oder Texte dar, die mir in ihrer Erscheinungsform aus dem deutschen Kulturraum bekannt sind, aber auch in den Filmen auftauchen. Das können z.B. Markennamen sein, die auf Werbeplakaten, Kleidung, Autos etc. auftauchen, weiter können das bekannte Sportler, Schauspieler, auch Serien oder Filme sein, die auf irgendeine Art und Weise thematisiert werden. Aber auch bekannte Gemälde, z.B. aus dem Christentum, zähle ich dazu. Transkulturelle Symbole sind dabei nie besonders filmisch fokussiert, sondern tauchen eher als Nebenprodukt im Hintergrund auf. Daher sind sie in einem Film auch nur vorhanden, oder nicht vorhanden.

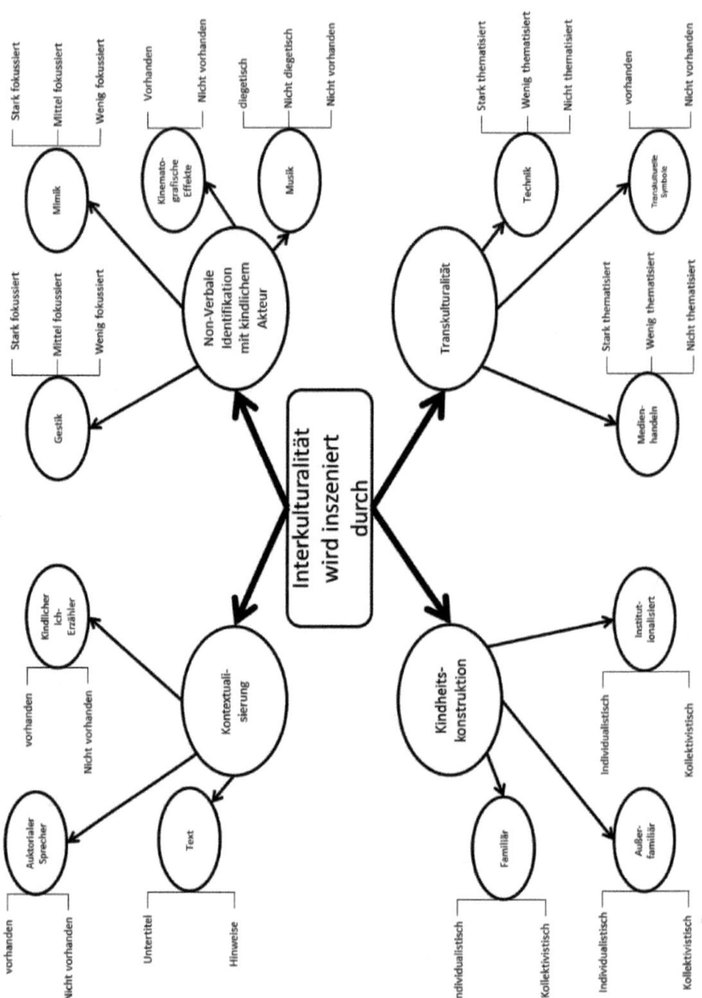

Abb. 9: Übersicht über das Kategoriensystem mit Eigenschaften und deren Dimensionierung

6.2 Muster der Inszenierung von Interkulturalität im Kinderdokumentarfilm

Im Folgenden stelle ich die entstandenen Muster der Inszenierung von Interkulturalität im Dokumentarfilm für Kinder vor. Insgesamt ließen sich fünf Muster der Inszenierung von Interkulturalität herausarbeiten. Die Muster habe ich wie folgt bezeichnet: „autoritär-auktoriale Rahmung", „distanzierte Beobachtung", „hybride Emotionalisierung", „individualistisch-transkulturelle Kindheit" und „kinematografische Emotionalisierung". Ich stelle die Muster dabei mit Hilfe jeweils eines exemplarischen Filmes vor. Dafür präsentiere ich kurz den Film und werde dann anhand der vier oben beschriebenen Kategorien eine genaue Analyse unter Bezugnahme auf die Forschungsfrage vornehmen. Filme, die ebenfalls in ein vorgestelltes Muster passen, werden jeweils am Ende jeder Musterdarstellung kurz erwähnt.

6.2.1 Autoritär-auktoriale Rahmung (Im Schatten der Dromedare)

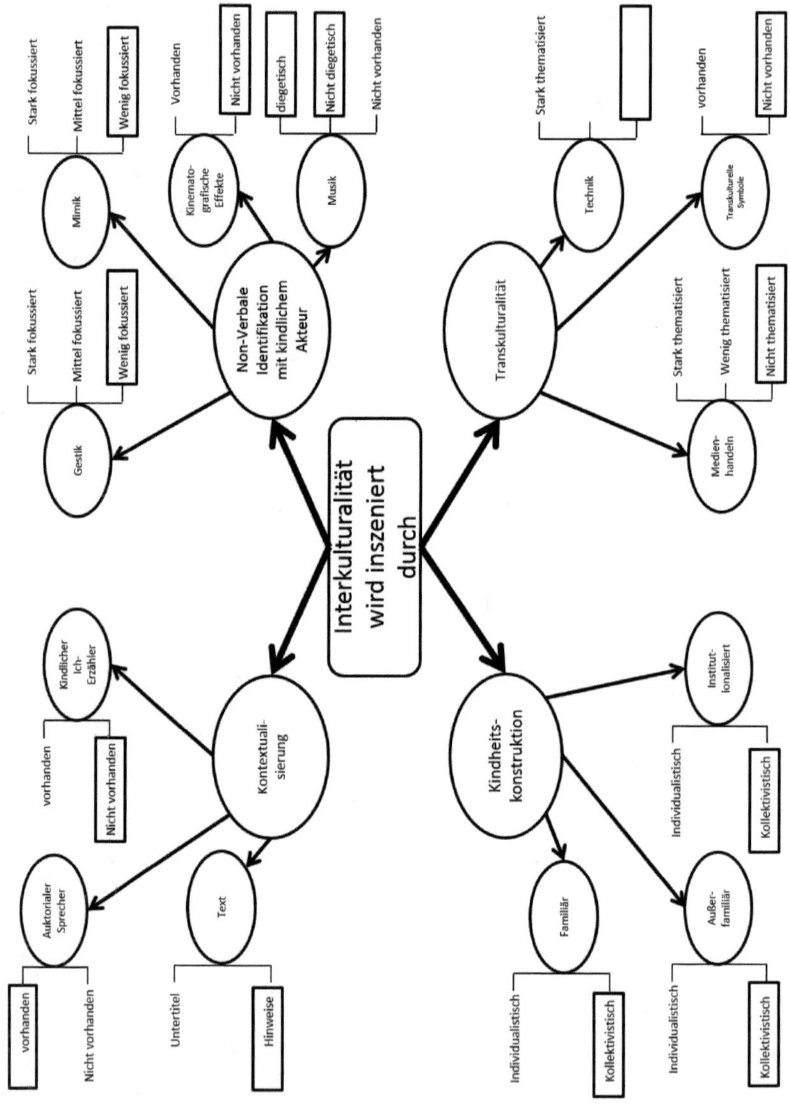

Abb. 10: Das Muster „autoritär-auktoriale Rahmung"

Das erste Muster mit dem etwas aggressiv klingenden Titel „autoritär-auktoriale Rahmung" bezieht sich auf Filme, bei denen die kindlichen Rezipienten mit Hilfe eines stark dominierenden auktorialen Sprechers durch den Film begleitet werden. Diese Filme sind stark von der Kategorie „Kontextualisierung" geprägt, während die anderen Kategorien vornehmlich in den Hintergrund treten. Das Muster stelle ich mit Hilfe des Filmes „Im Schatten der Dromedare" aus der „arte"-Reihe „Alle Kinder dieser Welt" vor.

Allgemeine Hinweise zum Film
Der Kurzdokumentarfilm (Laufzeit 13 Minuten) „Im Schatten der Dromedare" ist vom französischen Filmemacher Patrick Bernhard und wurde für die französische Dokumentarfilmreihe „Grains d'Hommes" 2008 produziert. Arte strahlte diese unter dem Namen „Alle Kinder dieser Welt" auf Deutsch synchronisiert ab dem 04.10.2009 aus.[15] Inhaltlich behandelt der Film das Leben von Nomadenvölkern in Kenia. Dabei wird der Alltag der Kinder und Erwachsenen dargestellt, vom Aufstehen, über Hausarbeiten, Viehzucht, Wasserorganisation, bis hin zu Ritualen und Festlichkeiten. Der Film orientiert sich dabei an zwei Jungen: dem etwa 10 Jahre alten Lockero, und dem etwa achtjährigen Jusum Docku.

Der Film beginnt mit einer geografischen Einführung, um zu zeigen, wo Kenia auf der Erde liegt. Weiter gibt es Establishing Shots der Landschaft Kenias. Anschließend fährt die Kamera auf einem Auto durch die Landschaft und begegnet einem Jungen, der die Filmemacher einlädt in sein Dorf zu kommen. Im Dorf wird Lockeros Familie vorgestellt, sowie das morgendliche Aufstehen, ihre Unterkunft und die Verpflegung der Tiere. Anschließend werden ein nahe liegendes Dorf und Jusum Docku vorgestellt. Hier wird die Viehzucht thematisiert, bei der der Junge mit seinen Brüdern mit den Tieren auf die Weide geht. Dabei werden vor allem das Brunnenausheben und die Versorgung der Tiere gezeigt. Über die Versorgung läuft dann eine Weiterleitung zu den Stämmen mit Dromedaren, die in trockneren Gebieten leben. Auch hier steht die Versorgung der Tiere durch die Kinder im Fokus. Anschließend wird eine Hochzeitszeremonie in einem der Dörfer relativ ausgiebig thematisiert.

---

[15] Siehe dazu auf http://www.fernsehserien.de/alle-kinder-dieser-welt am 31.05.2013

Zum Ende hin werden noch einmal die Rückkehr der Viehherde in dem Dorf von Jusum Docku und der Alltag am Abend bis zum Schlafengehen gezeigt.

Kontextualisierung

Die Kategorie Kontextualisierung ist die prägendste im Film. Die Eigenschaft kindlicher Ich-Sprecher wird dabei im Film nicht bedient. Auch Text kommt nur in Form von Hinweisen vor. Das geschieht zu Beginn des Filmes bei der Einführung ins Thema und der geografischen Hilfe, damit die kindlichen Zuschauer wissen, wo Kenia liegt.

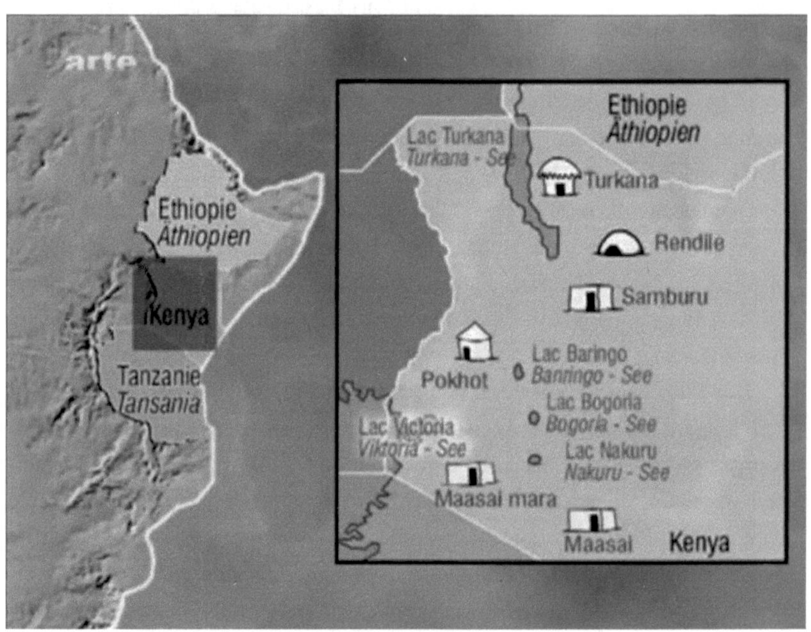

Abb. 11: Text in „Im Schatten der Dromedare". (00:01:01)

Auf der Karte werden auch teilweise die besuchten Dörfer vorgestellt, allerdings ohne dieses zu erwähnen. Auch wird später nicht mehr auf die Karte zurückgegriffen, sodass nicht immer klar ist, in welchem Dorf und bei welchem Nordmadenstamm gerade etwas geschieht. Das kann unter Umständen dazu führen, Praktiken und Rituale einem falschen Stamm zuzuordnen. Auch die verwendeten Symbole für Häuser in den Dörfern bieten Raum, die Völker aus einer eurozentristischen Sicht als eventuell „unterentwickelt" zu sehen, da sie keine „richtigen" Häuser besitzen, sondern nur (comichafte) „Hütten".

Am prägendsten in der Kategorie Kontextualisierung hat sich der auktoriale Sprecher erwiesen. Die männliche Stimme versucht dabei, die Kinder durch eine sehr liebevoll wirkende Stimme zu erreichen. Dieses wirkt, zumindest aus meiner Sichtweise, teilweise deutlich überzogen, da sie dadurch ein hegemoniales Machtgefälle zwischen dem erwachsenen, allwissenden Sprecher und den kindlichen Zuschauern verstärkt und die Kinder sich so m.E. nicht ernstgenommen fühlen könnten. Die liebliche Sprechweise findet den ganzen Film über statt. Dabei ist vor allem prägend, was der Sprecher mit dieser Stimmlage sagt. Der Sprecher entmündigt m.E. nach die kindlichen Rezipienten dabei konsequent, indem er den Kindern genau sagt, wie sie eine gezeigte Situation erleben und nachfühlen sollen. Schon in der Einleitung, die in jeder Folge von „Alle Kinder dieser Welt" gleich ist, wird vom Sprecher klar gerahmt, wie die Kinder das zusehen bekommene interpretieren sollen:

> „Von welcher Seite du dir **die Erde** auch anschaust, sie **ist unendlich groß**. Millionen Kinder leben auf ihr. **Du wirst staunen**, wie sehr sich ihr Leben von deinem unterscheidet. Und **du wirst überrascht sein**, wie sich doch alle Kinder dieser Erde gleichen. Eigentlich könnten sie Brüder und Schwestern sein. […] Bist du bereit **deine neuen Freunde** kennenzulernen?" (00:00:06 – 00:00:41 Hervorhebung von mir)

Das „du" spricht dabei die Kinder direkt an, wirkt aber aufgrund der vorgegebenen Rahmung, lehrerhaft und einengend. Im weiteren Verlauf des Filmes schwankt der Sprecher zwischen distanzierter Beschreibung gezeigter Situationen und dem Versuch, die Kinder immer wieder direkt anzusprechen.

> „Die Menschen die hier leben, werden auch Nomaden genannt, weil sie niemals lange am gleichen Ort bleiben." Gezeigt wird ein schwarzer Junge ca. 10 Jahre alt, der in ein rotes Tuch gehüllt ist. „Dieser Junge lädt **uns** in sein Dorf, in sein Manjattah ein." (00:01:35 – 00:01:47 Hervorhebung von mir)

Durch das „uns", wird zum einen versucht, dass der Sprecher und die kindlichen Zuschauer aus einer Perspektive sprechen, der Sprecher sich also mit den Kindern verbündet. Zum anderen wird durch das „uns" versucht, gezeigte

Situationen dadurch erlebbarer zu machen, dass den Kindern signalisiert wird, sie seien gerade direkt dabei. Diese Form wird jedoch nicht konsequent durchgezogen, da der Sprecher immer wieder klare Anweisungen gibt, auf was die Kinder achten und wie sie es emotional auffassen sollen: „Da staunst du, was?" (00:03:48 – 00:03:50), „auweia, wie das stinkt […]" (00:05:32 – 00:05:35), „sieh mal […]" (00:06:40), „schau, die Kinder wollen auch tanzen wie die Großen, können aber noch nicht so hoch springen." (00:08:42 – 00:08:46)

Durch den autoritär-auktorialen Sprecher besteht die Gefahr, ähnlich der oben gezeigten Einführungsgrafik, die dargestellte Kultur abwertend, geradezu verniedlichend zu betrachten. So werden u.a. die Häuser des ersten Dorfes als „Lehmhütten" (00:01:48) bezeichnet. Auch bei der Vorstellung eines der Jungen, wird sein Name als „schwierig auszusprechend" (00:03:17) gekennzeichnet. Die Bewertung der Lebensumstände der dargestellten Menschen aus einer westlichen Sichtweise erfolgt auch bei der Beschreibung des Essens: „Heute Abend können alle eine gute Mahlzeit genießen, es gibt sogar Eier. Und wie immer: Milch. Das ist fast ein Festmahl" (00:11:50 – 00:11:57). Dadurch erfolgt m.E. nach eine implizit-pejorative Konnotation des Essens als ärmlich. Der Satz „Das ist fast ein Festmahl" klingt dabei in meinen Ohren fast schon zynisch. Die angebliche Rückständigkeit der Kultur klingt dann nochmals am Ende des Filmes durch, in einer zusammenfassenden Beurteilung durch den Sprecher:

> „Es scheint, als verginge die Zeit hier so langsam, wie in den ersten Tagen der Menschheit. Als ob die große Uhr der Vergänglichkeit bei den Kindern vom großen afrikanischen Grabenbruch für immer stehen geblieben wäre."
> (00:12:40 – 00:12:58)

Ebenso, wie es der Sprecher nicht schafft, die kindlichen Rezipienten einheitlich anzusprechen, schafft er es auch nicht, eindeutig durch den Film zu führen. So stellt er zu Beginn den Jungen Luckero (00:01:50) vor, ohne dass dieser dabei allerdings eindeutig auf den Bildern auszumachen ist, sodass nicht klar ist, wer eigentlich gemeint ist. Im Film werden mehrere Ortswechsel vollzogen, ohne, dass immer klar ist, wo genau sich etwas abspielt. So werden Bilder eines Dorfes gezeigt, von dem ich angenommen hatte, es wäre das gleiche wie am Anfang, obwohl es sich schon um einen „Nachbarstamm" handelte. (00:02:50) Dies wird aber eher in einem Nebensatz erwähnt, während gleichzeitig die Morgentoilette der Menschen beschrieben wird. In diesem Nachbardorf wird dann auf einmal der Junge Jusum Docku vorgestellt, Luckero wird bis zum Ende des Filmes nicht mehr erwähnt. Aber auch Jusum Docku wird nicht durchgehend begleitet, der Film springt von ihm und seinem Dorf zu jungen Erwachsenen in die Steppe, die dort nach Wasser für die Tiere graben. (00:05:10 - 00:06:03) Von dort wechselt der Film zu einem völlig anderen Stamm, was der Sprecher zwar auch mit den Worten „weiter nördlich bei den Samburu […]" (00:06:10) beschreibt, später jedoch plötzlich wieder über Dinge im Dorf von Jusum Docku berichtet, ohne dabei klar zu machen, wo sich was abspielt.

Der autoritär-auktoriale Sprecher rahmt somit alle Geschehnisse aus einer westlichen Sichtweise sehr eng, schafft es aber gleichzeitig nicht, klar und eindeutig die unterschiedlichen Personen, Lokalitäten und Handlungen voneinander abzugrenzen. Das bietet meiner Meinung nach viel Raum für Missverständnisse und Fehlinterpretationen und könnte u.U. zu Klischee- und Stereotypenbildung bei den kindlichen Zuschauern führen.

Kindheitskonstruktion

Die Kindheitskonstruktion in „Im Schatten der Dromedare" ist in allen Eigenschaftsbereichen kollektivistisch. Das zeigt sich u.a. innerhalb der Häuser, in denen alle Familienmitglieder in einem Raum wohnen und die Kinder klare Alltagsaufgaben haben, die sie nicht für sich selbst, sondern für den Fortbestand der Familie bzw. des Stammes erledigen müssen. So stellt die Versorgung der Tiere mit Weiden, Tränken und deren Pflege den Großteil der dargestellten Alltagswelt dar. Die dargestellten Personen werden mit uns bekannten Verwandtschaftsbezeichnungen versehen, wie Mutter, Schwester, Bruder etc. Die Kleidung der Kinder unterscheidet sich dabei nicht von denen der Erwachsenen. Auch werden keine Aktivitäten, wie zum Beispiel das Spielen, thematisiert, die eine Kinder- von einer Erwachsenenwelt trennen würde. Alle gezeigten Arbeiten und Aufgaben drehen sich um den Fortbestand eines Dorfes unter Einwirkung der, durch die Natur vorgegebenen, Herausforderungen, wie Wasserknappheit und Hitze. Nur am Ende des Filmes wird kurz erwähnt und gezeigt, dass Jusum Docku Schulaufgaben macht: „Dann macht Jusum Docku Schulaufgaben, denn manchmal, wenn der Stamm in der Nähe einer Schule lagert, besucht er den Unterricht." (00:10:05 – 00:10:20) Dadurch erhält die Lebenswelt eine kleine Segmentierung zwischen Dorf und Schule, ohne allerdings die Schule als Zeichen von Individualität oder Zukunft zu thematisieren.

Abb. 12: Jusum Docku bei den Hausaufgaben. (00:10:29)

Non-verbale Identifikation mit kindlichem Akteur
Die Kategorie der non-verbalen Identifikation mit dem kindlichen Akteur bleibt auf der Ebene von Mimik, Gestik und kinematografischen Effekten eher oberflächlich. So bleibt die Kamera meist auf Distanz zu den porträtierten Kindern und begleitet den Alltag aus totalen, halbtotalen und halbnahen Kameraeinstellungen. Teilweise werden die Kinder sogar aus einer Vogelperspektive gezeigt, was schon eher herabblickend und distanzierend wirkt (Abb. 13, Abb. 14).

Anders sieht es allerdings beim Einbezug von Musik aus. Diese findet in „Im Schatten der Dromedare" auf diegetische und nicht-diegetische Art Verwendung. Diegetisch im Falle einer dargestellten Hochzeit, bei der die Dorfgemeinschaft singend, klatschend und springend die Feier zelebriert. Prägender ist allerdings der Einsatz nicht-diegetischer Musik im Film. Schon in der Einleitung werden die Bilder und der Sprecher mit einer Flötenmusik begleitet, auch später werden immer wieder Musikelemente, die ich der afrikanischen Musikkultur zurechnen würde, wie Trommeln oder Gesänge, eingesetzt. Dadurch soll meiner Meinung nach das afrikanische „Feeling" verstärkt werden. Dies birgt aber, z.B. durch unterlegte Trommelmusik, wieder die Gefahr einer Primitivisierung der dargestellten Menschen, da sie nicht von den im Film gezeigten Personen gespielt wird. Während der Hochzeitzeremonie wird das Geschehen teilweise von einer Harfenmusik unterlegt, was für mich zur Kultur und zum Geschehen einen deutlichen Bruch darstellt und auch hier wieder westliche Emotionen (auf die Hochzeit bezogen) durch ein westlich-interpretiertes Instrument verstärkt.

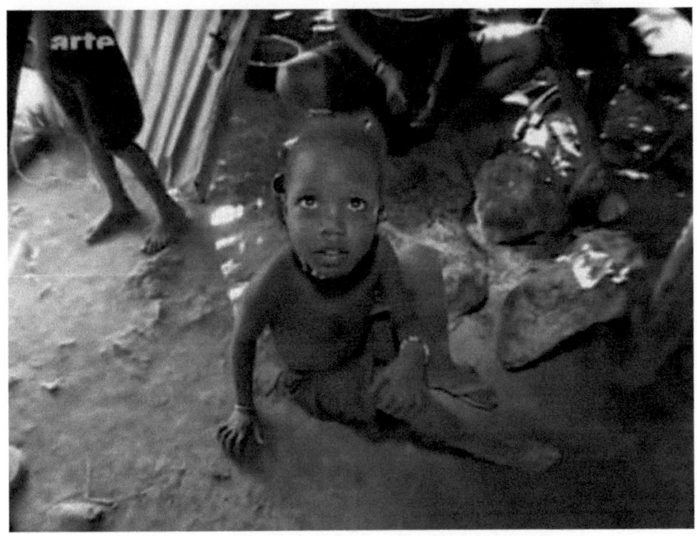

Abb. 13: Vogelperspektive auf Kind. (00:02:39)

Abb. 14:Halbtotale des Alltags. (00:05:34)

Transkulturalität

Die Kategorie der Transkulturalität findet im Film so gut wie keine Verwendung. Technik und Medienhandeln finden überhaupt nicht statt. Einzig gewisse Gegenstände wie Plastikeimer und Behältnisse oder die Verwendung uns bekannter Hilfsmittel wie Spritzen würde ich in einem gewissen Rahmen den transkulturellen Symbolen zuordnen. Auffällig ist allerdings, dass im ersten gezeigten Dorf Kinder mit mir bekannten Pullovern und kurzen Hosen herumlaufen, während in anderen Dörfern traditionelle Tuchkleidung oder gar keine Bekleidung bei Jungen und Männern festzustellen war.

Abb. 15: Transkulturelle Symbole: Plastikkanister. (00:04:20)

Abb. 16: … und Spritze mit Medizin. (00:03:15)

Abb. 17: Kinderkleidung: Pullover und Hose. (00:02:14)

Abb. 18: Kinder in traditioneller Kleidung. (00:03:25)

Zusammenfassung

Der Film „Im Schatten der Dromedare" als Beispiel für das Muster der „autoritär-auktorialen Rahmung" zeigt, dass durch die Verwendung eines einengenden auktorialen Sprechers Räume der Selbstinterpretation verstellt werden, dafür aber unter Umständen sogar eher Missverständnisse und Klischeebildung entstehen könnten. Filme in diesem Muster interpretieren die dargestellten Kulturen unter einer festen westlichen Folie und geben den kindlichen Zuschauern keinen Raum der selbständigen Exploration.

Weitere Filme dieses Musters

Das Muster der autoritär-auktorialen Rahmung lässt sich in allen Filmen der Reihe „Alle Kinder dieser Welt" feststellen. Die Reihe, die vorrangig kleine Volksstämme rund um die Welt thematisiert, rahmt alle Filme mit Hilfe des oben vorgestellten auktorialen Sprechers, der wie im vorgestellten Film, immer eine große Dominanz besitzt. Es lassen sich zwar teilweise Unterschiede in den anderen Kategorien feststellen, wie zum Beispiel im Film „Die Kinder der Wippala" (2008) von Patrick Bernhard, der die Lebenswelt von Indiokindern in Bolivien am Rand des Titicacasees beschreibt und z.B. eine deutlich individualisiertere Kindheit thematisiert. Die Kulturvermittlung erfolgt aber trotzdem fast ausschließlich über die dominant führende Stimme des Sprechers. Prägend in diesem Muster ist auch, dass die dargestellten kindlichen Lebenswelten nie anhand eines Kindes erzählt werden, sondern immer provisorisch ein Kind dargestellt wird, ohne dieses genauer vorzustellen und konsequent zu begleiten.

Die starke eurozentristische Sichtweise dieses Musters findet sich z.B. auch besonders stark in dem Film „Die Karen – Kinder der Grenze" (2008) von Patrick Bernhard, der die Situation der Karen, einer Volksgruppe aus Myanmar, beschreibt, die wegen des Bürgerkrieges nach Thailand geflohen ist. In diesem Film scheinen nicht die Kinder, sondern ein westliches Ärzteehepaar, das den Leuten hilft, im Mittelpunkt des Filmes zu stehen. Gegen die Hilfe ist sicherlich nichts einzuwenden, jedoch ist m.E. die Frage zu stellen, ob in einem Film, der Kinderlebenswelten darstellen will, dominant westliche Hilfsleistungen im Mittelpunkt stehen sollten. Weiter sticht die eurozentristische Sichtweise im Film „Zwischen Himmel und Erde" (2008) von Patrick Bernhard deutlich hervor. In dem Film wird Leben der Jarawa, einer Volkgruppe auf den Andamanen, thematisiert. Diese Volksgruppe erscheint im Film, egal ob Männer, Frauen oder Kinder, ohne Kleidung, was vom Sprecher immer wieder implizit wertend aufgegriffen wird.

6.2.2 Distanzierte Beobachtung (Ein Tag mit Aïcha)

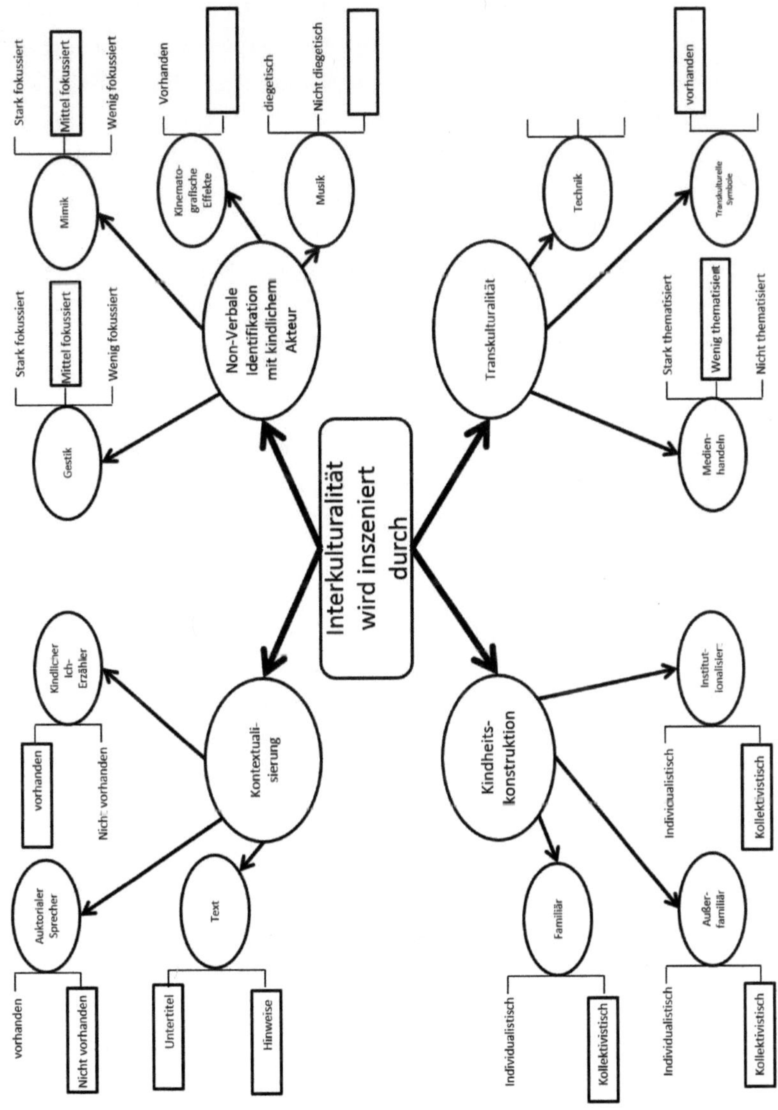

Abb. 19: Das Muster „distanzierte Beobachtung"

Im Muster der „distanzierten Beobachtung" wird die Alltagswelt eines Kindes, ohne direktes intentionales Eingreifen, zum Beispiel durch die Kamera beglei-tet. Das Kind in diesem Muster erklärt die Welt aus seiner Perspektive; die Kamera begleitet es dabei, allerdings immer aus einer eher neutralen zurück-haltenden Perspektive.

Allgemeine Hinweise zum Film
Der Film (ca. 13 min) „Ein Tag mit Aïcha" (2011) von Amounata Nikiéma, aus der Reihe „Ein Tag mit...", zeigt einen Tag im Leben der neunjährigen Aïcha aus Burkina Faso. Dafür stellt das Mädchen sich und ihre Umgebung zu Beginn vor. Ein Großteil des Filmes thematisiert den Besuch der Schule, die Aïcha vormittags sowie nachmittags besucht, da an dem gezeigten Tag Prü-fungen anstehen, die am Nachmittag geschrieben werden. Zwischen-durch wird die Mitarbeit des Mädchens und ihrer Schwester im Haushalt gezeigt. Die Kamera begleitet das Kind den ganzen Tag hindurch, vom Frühstück bis zum Schlafen gehen.

Kontextualisierung
Zu Beginn des Filmes werden die kindlichen Zuschauer mithilfe einer Grafik geografisch an Burkina Faso herangeführt. Das geschieht nur über die Darstel-lung, eine auktoriale Stimme rahmt das gezeigte nicht.

Nach einem Establishing Shot auf das Wohnviertel in dem Aïcha lebt, stellt sie sich den Zuschauern vor. Dabei wird eine deutsche Mädchenstimme dem Film untergelegt, ohne dass die original Stimme von Aïcha zu hören ist.

„Ich heiße Aïcha Mikeema, ich bin neun, ich bin Burkianerin und wohne in Ougagadougou der Hauptstadt von Burkina Faso. Die Stadt wird Waga ge-nannt, ich bin also Wagalesin, aber ich wohne weit vom Zentrum entfernt. Mein Viertel heißt Zone eins. Es ist kein Siedlungsgebiet, das heißt, man darf hier eigentlich keine Häuser bauen. Aber die Leute machen es trotz-dem." (00:00:35-00:01:04)

Abb. 20: Textlich-bildliche Rahmung zu Beginn des Filmes. (00:00:02)

Abb. 21: Textlich-bildliche Rahmung zu Beginn des Filmes. (00:00:06)

Während der Vorstellung des Mädchens wird über das Stadtviertel geschwenkt. Die Ich-Perspektive des Mädchens ist die Hauptrahmung im Film. Bei allen Situationen, die gezeigt werden und die evtl. ungewöhnlich und fremd für hiesige Kinder sein könnten, kommentiert Aïcha, was zu sehen ist. In einer Szene fährt Aïchas Mutter das Mädchen morgens zur Schule, der dichte, aus deutscher Sicht chaotisch wirkende Verkehr, wird von Aïcha mit eigenen Worten gerahmt:

„Mama hat wie Papa ein Moped, weil wir so weit draußen wohnen. Sie setzt mich auf dem Weg zur Arbeit an der Schule ab. In Nuaga fahren viele mit dem Moped, deshalb kommt man morgens auf den Straßen nicht sehr schnell voran. Die Fahrt zur Schule gefällt mir besonders gut, dann habe ich Zeit mir die Geschäfte mit den Spielsachen, den Schuhen und den schönen Kleidern anzusehen." (00:02:26-00:02:49)

Das Erklären der Lebenswelt findet dabei in einer Mischung aus sachlicher Information und kindlichen subjektiven Eindrücken statt. Somit stellt Aïcha, oder zumindest deren deutsche Kinderstimme, m.E. eine Art Fremdenführerin dar, die die Zuschauer durch ihre Lebenswelt führt und durch sachliche Informationen und mit persönlichen Worten das Gezeigte erklärt.

Untertitel werden im Film sehr sporadisch eingesetzt, da die meisten Szenen von Aïcha kommentiert werden. Einzig beim Einkaufen auf dem Markt, beim Lernen mit der großen Schwester und teilweise im Unterricht werden Untertitel zur Rahmung herangezogen.

Abb. 22: Einsatz von Untertiteln in der Schule beim Buchstabieren. (00:04:00)

Abb. 23: und beim Lernen mit der Schwester. (00:08:24)

Kindheitskonstruktion

Die Kindheitskonstruktion ist in allen Bereichen kollektivistisch. Aïchas Lebenswelt ist zwar durch die Trennung von Zuhause und Schule differenziert, jedoch geht es in der Ausbildung vorrangig um die eigene und familiäre Existenzsicherung, nicht um das Erreichen zukünftiger Träume oder Erklimmen von Karrierestufen. Jedoch wird das Thema Leistung innerhalb der Schule immer wieder im Film betont:

> „Mama sagt uns häufig, der erste Mann einer Frau ist ihre Arbeit. Man muss also viel für die Schule lernen, damit man später eine anständige Arbeit bekommt." (00:01:15-00:01:25)
> „Jeden Morgen bevor er zur Arbeit fährt, korrigiert mein Papa die Rechenaufgaben, die er mir am Tag zuvor aufgegeben hat. Auch wenn Papa nicht viel Zeit hat, kümmert er sich darum, denn ihm ist wichtig, dass wir gut in der Schule sind." (00:01:41-00:01:54)

Aïcha und ihre Schwester müssen feste Aufgaben innerhalb der Familie übernehmen, wie Einkaufen, Kochen und Saubermachen. Persönliche Freiräume hat sie dabei nicht. Die Familie lebt eng zusammen in einem kleinen Haus und jedes Familienmitglied muss die ihm auferlegten Pflichten erfüllen, um zur Existenzsicherung der Familie beizutragen. Aïcha artikuliert dazwischen jedoch auch persönliche Wünsche und hat eine Vorstellung ihrer Zukunft:

„Ich hätte auch gerne ein Fahrrad, so eins wie meine Schwester es zum Schulabschluss bekommen hat." (00:01:32-00:01:39)

„Ich träume von etwas anderem: Wenn ich groß bin, möchte ich Ärztin werden, um Frauen bei der Geburt zu helfen, deshalb strenge ich mich in der Schule so an." 00:07:55-00:08:04)

Im Film wird m.E. ein gewisser Übergang zwischen kollektivistischer und individualistischer Kindheit gezeigt. Auch wenn es die derzeitigen Umstände nicht zulassen, so träumt Aïcha doch von einer eigenen, selbstbestimmten Zukunft. Das Träumen von einer gewissen beruflichen Zukunft, ist, so denke ich, auch hiesigen Kindern bekannt, wenn vielleicht auch wage und ungewiss, was aber auch bei Aïcha der Fall ist.

Non-Verbale Identifikation mit kindlichem Akteur
Die Kamera im Film „Ein Tag mit Aïcha" zeigt die Geschehnisse meist in Totalen und Halbtotalen. Aïcha wird selten in einer Nahaufnahme gezeigt. Das unmittelbare Gefühlsleben des Mädchens bleibt so unerschlossen. Durch die Totalen werden die kindlichen Rezipienten Beobachter des Tages und bleiben der Lebenswelt von Aïcha eher distanziert. Die Rahmungen, die das Mädchen aus dem Off in den Film hineingibt, spiegeln sich dabei nicht in direkter Weise auf ihrem Gesicht. Die kindlichen Zuschauer werden durch Aïchas Lebenswelt durch die Kamera begleitet, ohne emotional Anteilnahme nehmen zu können.

Abb. 24: Eine der wenigen Nahaufnahmen von Aïcha. (00:09:50)

Abb. 25:...und eine der vielen Totalen, hier des Schulhofs. (00:03:24)

Die Zuschauer bleiben in einer distanzierten Beobachtungshaltung und werden nur durch die „Lebensweltführerin" Aïcha aus dem Off angesprochen. Musikalische und kinematografische Effekte finden sich im Film nicht.

Transkulturalität

Transkulturelle Symbole sind im Film vorhanden, wenn auch deutlich geringer als in anderen Filmen dieses Musters. Bezeichnend dabei ist die Differenz von vorhandener Technik und in meinen Augen einfacher Lebensführung. So verfügt die Familie von Aïcha über zwei Mopeds, die innerhalb der Wohnung abgestellt werden, sowie über einen eigenen Fernsehapparat. Jedoch sind andere technische Gerätschaften zur Haushaltsführung nicht vorhanden. Die Prioritätensetzung kann dabei aus westlicher Sichtweise als fremd empfunden, auf der anderen Seite aber auch, ähnlich der Kindheitskonstruktion, als Modernisierungsumbruch gelesen werden.

Abb. 26: Vorhandene Technik im Film: Fernseher. (00:11:48)

Abb. 27: ...und Moped. (00:02:07)

Abb. 28: Die Küche der Familie im Kontrast, aus westlicher Sicht,
zur vorhandenen Technik. (00:06:25)

Zusammenfassung

Im Film „Ein Tag mit Aïcha" werden die kindlichen Zuschauer einen Tag durch die Lebenswelt der neunjährigen Aïcha geführt. Dabei bleiben sie jedoch auf einer distanzierten Beobachtungsposition und lassen sich von Aïcha ihre Welt erklären, was ähnlich einer Touristenführung in Urlaubsgebieten erscheint. Unklar bleibt, ob das, was mit einer deutschen Kinderstimme in den Film hineingesprochen wird, auch wirklich von Aïcha gesagt wurde. Im Film wird in meinen Augen ein gewisser Umbruch bzw. Modernisierungsprozess sichtbar. Dieser ist auch in anderen Filmen des Musters prägnant.

Weitere Filme dieses Musters

Das Muster der „distanzierten Beobachtung" findet sich in allen Filmen der Reihe „Ein Tag mit...". Im Film „Ein Tag mit Ato" (2011) von Amplice Ganou Herma wird der Tagesablauf des 10-jährigen Ato, auch in Burkina Faso, dokumentiert. Die Besonderheit dieses Filmes besteht darin, dass Ato nach der Schule als KFZ-Mechaniker arbeitet, um so seine Familie mit zu unterstützen. Anders als Aïcha geht er sehr ungerne in die Schule und will lieber in der Werkstatt arbeiten.

Ebenfalls im Haushalt mithelfen muss der 10-jährige Fousseyni in Mali im Film „Ein Tag mit Fousseyni" (2011) von Bacar Gaku. Ähnlich, wie in den

119

anderen Filmen bewegt sich die gezeigte Kinderwelt zwischen Elternhaus, Schule und, in diesem Fall, Mitarbeit auf dem Feld.

Im Film „Ein Tag mit Moussa" (2011) von Éye Soukenatou Dio wird die Lebenswelt des siebenjährigen Moussa in Senegal gezeigt. Eventuell aufgrund des Alters von Moussa nimmt der Bereich des Spielens im Film relativ viel Platz ein. Ob zu Hause mit seiner Schwester oder mit anderen Kindern am Strand, Moussa spielt und tobt die meiste Zeit und hat noch nicht die Verpflichtungen, die den anderen Kindern in den Filmen auferlegt sind.

Alle Filme der Reihe „Ein Tag mit..." thematisieren Lebenswelten von Kindern in Ländern im Nordwesten Afrikas. Sie sind dabei alle durch die distanzierte Kameraarbeit charakterisiert. Der in „Ein Tag mit Aïcha" herausgearbeitete Modernisierungsumbruch zeigt sich auch in den anderen Filmen dieses Musters. Beispielsweise bespielt Moussa einen Hinterhof mit Musik von einem Handy und die Leute tanzen dazu. Und Fousseyni trägt ein Poloshirt mit einer Internetadresse auf dem Rücken.

Abb. 29: Moussa spielt Musik mit einem Handy vor. (00:11:01

Abb. 30: Fousseyni trägt eine Internetadresse auf seinem Rücken. (00:01:25)

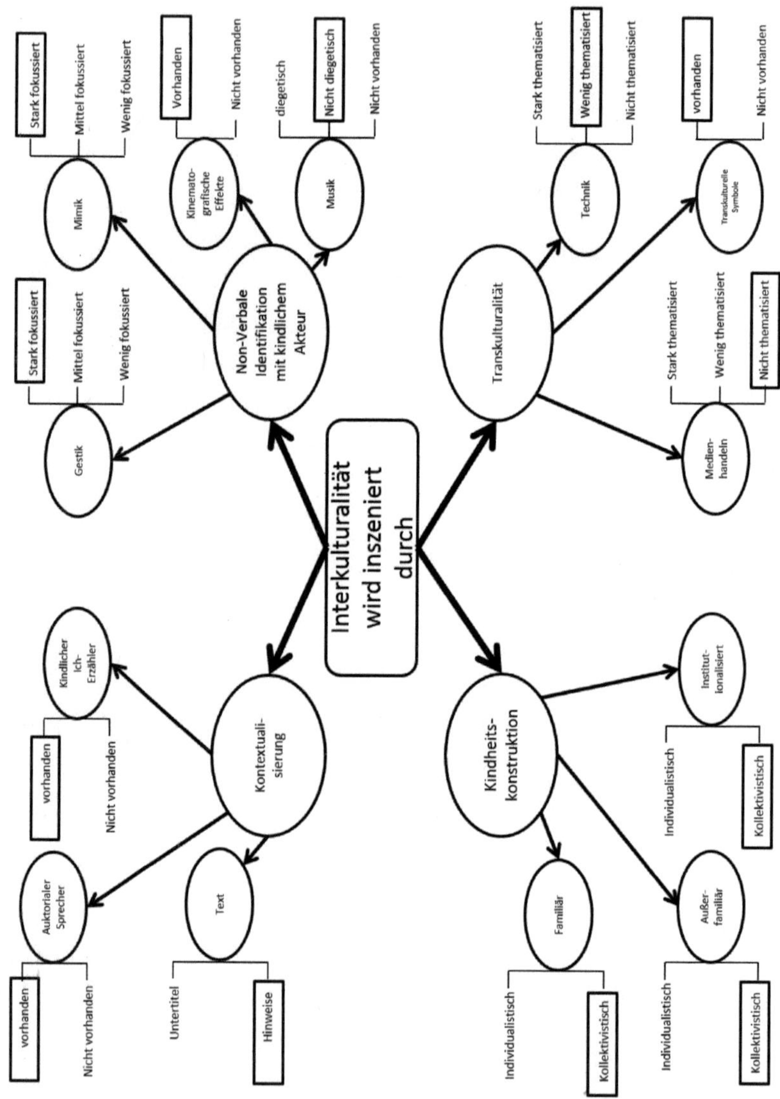

Abb. 31: Das Muster „hybride Emotionalisierung

Filme des Musters der hybriden Emotionalisierung thematisieren die Lebenswelt eines Kindes unter Bezugnahme unterschiedlichster Techniken, um eine intendierte Emotionalität beim kindlichen Zuschauer zu erzeugen. Im Folgenden stelle ich das Muster am Beispiel des Filmes „Reinalyn will raus aus dem Müll" vor.

Allgemeine Hinweise zum Film

Der Film „Reinalyn will raus aus dem Müll" (2012) von Matthias Zuber thematisiert die Lebenswelt der 12-jährigen Reinalyn. Sie lebt mit ihrer Familie auf einer Müllkippe der Stadt Cebu auf den Philippinen. Um das tägliche Überleben der Familie zu sichern, helfen alle Kinder mit, Müll zu sammeln und diesen dann zu verkaufen. Im Film wird die Umsiedlung der Familie in ein Projekt auf dem Lande gezeigt. Die Umsiedlung wird dabei als Traum von Reinalyn inszeniert, der wahr wird. Im Film werden die Lebensumstände der Familie auf der Müllhalde, aber auch die Probleme der Umsiedlung, wie z.B. die nicht vorhandene Arbeit und Existenzsicherung der Familie am neuen Wohnort thematisiert.

Kontextualisierung

Die Kontextualisierung im Film läuft in großem Maße über einen auktorialen Sprecher und Reinalyn als kindliche Ich-Erzählerin. Textliche Hinweise finden sich nicht im Film. Jedoch rahmt der Titel des Filmes, „Reinalyn will raus aus dem Müll" den groben Inhalt der Geschichte, ohne dass am Anfang bekannt ist, worum es konkret im Film geht.

Am prägendsten ist der auktoriale Sprecher im Film. Er erklärt und kommentiert Gezeigtes auf kindgerechte Art. Die Stimme ist dabei freundlich, aber dennoch ernst. Mit Hilfe seiner Stimmlagen bekommen seine Kommentare eine gewisse Bedeutungsschwere, was die Emotionali-sierung im Film vorantreibt.

Im Film spricht zuerst Reinalyn etwas, dabei sagt sie, während sie Wasser aus einem Brunnen pumpt: „Ich möchte Lehrerin werden, um den Kindern von Umgabath zu helfen" (00:00:27-00:00:35). Der Sprecher greift dies mit seinen Worten auf und führt dann in den Film ein:

„Denn die Kinder von Umgabath sind sehr arm. Jedenfalls in dem Stadtteil, in dem Reinalyn lebt. Auch ihre Familie ist arm. Umgabath gehört zu Cebu, die zweitgrößte Stadt auf den Philippinen, fast 900000 Menschen leben hier. Es ist kurz vor sechs Uhr morgens und Reinalyn macht sich für die Schule fertig. An der Wasserpumpe wäscht sie sich mit drei ihrer sechs Geschwister. Reinalyn ist die zweitälteste. Sie wäscht sich mit Kleidung, weil hier Leute vorbei kommen können. Im Haus ihrer Eltern gibt es kein fließendes Wasser. Deshalb machen die Kinder ihre Morgentoilette hier, direkt neben den Tieren." (00:00:35-00:01:25)

Der Sprecher bewertet gleich zu Beginn des Filmes die derzeitige Lebenssituation von Reinalyn als „sehr arm". Die kindlichen Rezipienten bekommen so m.E. die emotionale Rahmung, dass es Reinalyn unter diesen Umständen nicht gut geht, ohne das die zuschauenden Kinder diese Umstände gesehen haben. Die besondere Erwähnung, dass die Morgentoilette neben den Tieren stattfindet, verstärkt diese Rahmung.

Im weiteren Verlauf erläutert der Sprecher die Lebenswelt von Reinalyn und erklärt kulturelle Unterschiede. So wird z.B. in einer Einstellung gezeigt, wie Reinalyn sich für die Schule fertig macht und ihre Schuluniform trägt, dazu sagt der Sprecher:

„Reinalyn trägt ihre Schuluniform. Auf den Philippinen ist die Schuluniform Pflicht. Es geht darum, dass alle Kinder gleich aussehen und gleich behandelt werden. Egal, ob sie reich sind oder arm." (00:04:43-:00:05:04)

Das Thema der Armut wird im ersten Teil des Filmes, in dem die Familie von Reinalyn noch auf der Müllkippe wohnt, immer wieder vom Sprecher fokussiert. Dabei geht es insbesondere um die Menschen, die auf der Müllkippe leben.

„Die Menschen leben seit Jahrzehnten hier auf der Müllkippe. Ihre Häuser haben sie aus dem gebaut, was andere wegschmeißen." (00:02:45-00:02:56)

„Am lieben isst Reinalyn mit den Händen, das ist ganz normal. Es gibt auch Besteck auf den Philippinen, vor allem ärmere Menschen oder die, die auf dem Land leben, essen lieber mit den Händen." (00:03:15-00:03:29)

„Hühnchen ist teuer und deshalb gibt es das nur ganz selten." (00:04:03-
00:04:09)

Der auktoriale Sprecher erklärt, wie es zum Umzug in die neue Umgebung
kommt und hilft auch hier mit, den Ortswechsel für die kindlichen Zuschauer
rahmen zu können. Im Verlauf des Filmes zieht sich der Sprecher jedoch etwas
zurück. Dann erfolgt die Rahmung immer mehr von Reinalyn. Wenn Reinalyn
etwas kommentiert, wird meistens kurz gezeigt, wie sie interviewt wird. Ihre
Kommentare sind dann im Original im Hintergrund zu hören und eine deutsche Kinderstimme wird übersetzend darüber gelegt.

Abb. 32: Reinalyn erzählt ihre Sichtweise in Interviews. (00:04:01)

Abb. 33: Reinalyn erzählt ihre Sichtweise in Interviews. (00:18:20)

Reinalyn wechselt in ihrer Sprache zwischen einer unbekannt bleibenden philippinischen Sprache und Englisch. In den Interviews bewertet und kommentiert sie Dinge, die zuvor im Film gezeigt wurden. So wird z.B. am Anfang das Essen (Babyshrimps mit Reis) der Familie vorgestellt und Reinalyn wird dazu befragt.

> „Ich mag die aber eigentlich gar nicht gerne, weil ich ein paar Löcher in den Zähnen habe und da klemmen die sich rein und das tut weh. Mein Lieblingsessen ist Hühnchen." (00:03:30 – 00:03:55)

Nachdem Umzug der Familie in die neue Umgebung wird der Wechsel aus Reinalyns Sichtweise stärker thematisiert. So kommentiert sie u.a. kritisch, dass der neue Ort zwar schön sei, aber die Familie jetzt keine Möglichkeit mehr habe, Geld zu verdienen, da am neuen Ort kein Müll vorhanden sei. Auch ihre Freunde fehlen ihr:

> „Ich vermisse deshalb schon ein wenig mein altes Zuhause. Auch weil wir dort Müll sammeln konnten und Geld dafür bekommen haben. Hier gibt es keinen Müll und ich weiß noch nicht, wie wir Geld verdienen sollen. Aber ich bin trotzdem froh, hier zu sein, weil es hier so sauber ist." (00:15:52 – 00:16:10)

Der Umzug, der Verlust der Freunde, die neue Umgebung, all das wird vor allem im zweiten Teil aus Sicht des Mädchens behandelt. Daneben geht es auch immer wieder um die Zukunft von Reinalyn und ihren Träumen. Der Traum von Reinalyn aus dem Müll heraus zu kommen, wie es der Titel suggeriert, wird vom Mädchen selbst nicht expliziert, sondern nur vom Sprecher. So endet der Film mit einer Halbtotalen von Reinalyn vor dem neuen Haus, die der Sprecher wie folgt kommentiert:

> „Manchmal werden Träume wahr. Reinalyns Traum zumindest hat angefangen wahr zu werden. Sie ist raus aus dem Müll. Und ihr Traum, Lehrerin zu werden, scheint auch ein wenig näher gerückt zu sein." (00:24:46-00:25:03)

Reinalyn selbst sagt nur am Anfang, dass sie Lehrerin werden möchte. Die Umsiedlung der Familie als Reinalyns Traum, scheint aus meiner Sicht ein vom Filmmacher inszenierter zu sein, da offen bleibt, ob Reinalyn den Umzug wirklich so, auch aufgrund ihrer kritischen Kommentare, ersehnt hat.

Kindheitskonstruktion

Die Kindheitskonstruktion im Film ist in allen Bereichen kollektivistisch. Reinalyn lebt mit ihrer Familie auf engstem Raum auf einer großen Müllkippe. Der ganzen Familie geht es dabei ums Überleben, auch wenn Reinalyns Eltern beide eine Arbeit außerhalb der Müllhalde haben. Dafür müssen auch schon die Kleinsten in der Familie mithelfen auf der Müllkippe nach verwertbaren Stoffen zu suchen und diese zu sammeln. Reinalyns Leben bewegt sich im Film zunächst zwischen Müllhalde und Schule. Die Schule wird dabei als Ort der Weiterentwicklung und Zukunft inszeniert, aber auch der kollektiven Unterordnung. Reinalyns Traum, Lehrerin zu werden, bekräftigt dabei den Wunsch nach Veränderung und neuer Perspektive in der Zukunft.

Auch später geht es in der Familie darum, zu überleben. Allerdings wird nach dem Umzug nur noch die Arbeit des Vaters, der beim Bau der neuen Siedlung mithilft, und der Mutter, die mit ihrer Schwester eine Garküche eröffnet, thematisiert. Die Kinder werden nicht mehr beim Arbeiten gezeigt, sondern neben der Schule und beim Spielen. Somit wird m.E. im Film selbst ein Kindheitsumbruch gezeigt, von der Kindheit, die geprägt ist von Kinderarbeit und gefährlicher Müllhalde, zu einer Kindheit, die ein Moratorium des Spielen und Lernens bereithält.

Abb. 34: Kindheit auf der Müllkippe. (00:07:48)

Abb. 35: Kindheit mit Raum zum Spielen. (00:23:36)

Trotz der Wünsche und Entwicklungen bleibt die familiäre und außerfamiliäre Kindheitskonstruktion auch nach dem Umzug kollektivistisch. Auch wenn Reinalyn mit ihren persönlichen Träumen filmisch in Szene gesetzt wird, wird ihr dieser persönliche Raum im Alltag nicht gegeben. So schläft sie u.a. auch nach dem Umzug weiterhin mit allen Geschwistern auf engem Raum zusammen.

Abb. 36: Kein Raum für Individualität im alten Zuhause… (00:03:10)

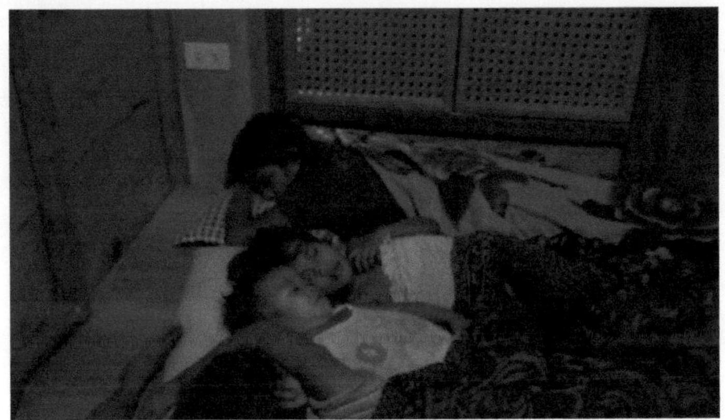

Abb. 37: ...und im neuen. (00:20:25)

Non-verbale Identifikation mit kindlichem Akteur

Neben der Kategorie der „Kontextualisierung" spielt die non-verbale Identifikation mit dem kindlichen Akteur im Muster der hybriden Emotionalisierung eine große Rolle. Durch das Zusammenspiel beider Kategorien werden die kindlichen Zuschauer auf emotionale Weise angesprochen.

Im Film wird Reinalyn oft in Nahaufnahmen gezeigt, sodass ihre Emotionen deutlich werden. Der Umzug und die neue Umgebung werden somit nicht nur kognitiv für die kindlichen Rezipienten nacherlebbar, sondern vor allem auch emotional. Die Neugierde und die Spannung des Unbekannten im neuen Zuhause, aber auch das zurücklassen der alten Heimat, der Freunde etc. spiegeln sich so in der Mimik und Gestik von Reinalyn.

Abb. 38: Reinalyns innere Auseinandersetzung mit dem Umzug.
Während der Autofahrt… (00:13:18)

Abb. 39: …und in der neuen Heimat (00:15:07)

Die Kamera bewegt sich meist auf Reinalyns Augenhöhe, sodass die Umgebung aus kindlicher Perspektive gezeigt wird. Teilweise finden sich auch first-person-shots, die die Wahrnehmung des Mädchens zeigen. In einer Szene wird Reinalyn auf dem Weg zu ihrer neuen Schule begleitet. Die Kamera übernimmt dabei kurz die Sichtweise Reinalyns beim Zulaufen auf das Schultor. (00:18:34-00:18:38)

Um die Emotionalisierung im Film voranzutreiben, wird oft und sehr sichtbar mit kinematografischen Effekten und nicht-diegetischer Musik gearbeitet. Insbesondere der Traum Reinalyns, dass sie nicht mehr im Müll leben will, wird auf diese Weise inszeniert. So wird am Anfang des Filmes, nach der Vorstellung der Umgebung, eine Totale Reinalyns und ihrer derzeitigen Wohnumgebung gezeigt und dann in schnellen Überblendungen Reinalyns spätere Wohnung, mit Reinalyn in gleicher Sitzposition, gezeigt. Darüber ist eine blecherne Musik gelegt, bei der bei jedem Rhythmusschlag, eine Blende erfolgt.

Abb. 40: Reinalyns Traum wird mithilfe schneller Blenden zwischen alter... (00:04:17)

Abb. 41: ...und neuer Umgebung inszeniert. (00:04:18)

Die Emotionalisierung wird dabei durch den Sprecher verstärkt, der diesen Wechsel bedeutungsschwer kommentiert.

„Manchmal träumt sich Reinalyn in eine andere Welt....in eine Welt ohne
Müll." (00:04:09-00:04:23)

Der Filmemacher bedient sich m.E. hier sehr bewusst kinematografischer
Effekte und des Einsatzes von Musik, um seine intendierte Emotionalität bei
den kindlichen Zuschauern hervorzurufen. Er greift bewusst in die chronologi-
sche Handlung des Dokumentarfilmes ein, um die Botschaft des Filmes explizit zu machen. Dabei wird Reinalyns Lebenswelt in schlecht und gut eingeteilt,
was der subjektiven, ethnozentristischen Bewertung des Filmemachers unter-
liegt. Diese Emotionalisierungsstrategie findet sich im ganzen Film wieder.
Schnelle Schnitte, die mit einer entsprechenden blechernen Musik untermalt
sind, rahmen die Geschichte von Reinalyn in ein Verhältnis schlecht zu gut,
was unter Umständen Mitleid für Reinalyns Situation bei hiesigen Kindern
ausrufen kann. Somit geht es nicht nur um Reinalyns Lebenswelt, sondern
auch um die Bewertung ihrer Lebensumstände aus westlicher Sicht.

Transkulturalität

Im Film findet kein mediales Handeln statt. Auch der Einsatz von Technik
findet sich nur in sehr begrenztem Maße. Transkulturelle Symbole sind hingegen öfter zu finden. Das meiner Meinung nach prägnanteste Symbol ist ein
Smiley Anstecker den Reinalyn im Müll findet und später öfter trägt.

Abb. 42: Reinalyn findet einen Smiley-Anstecker im Müll... (00:08:21)

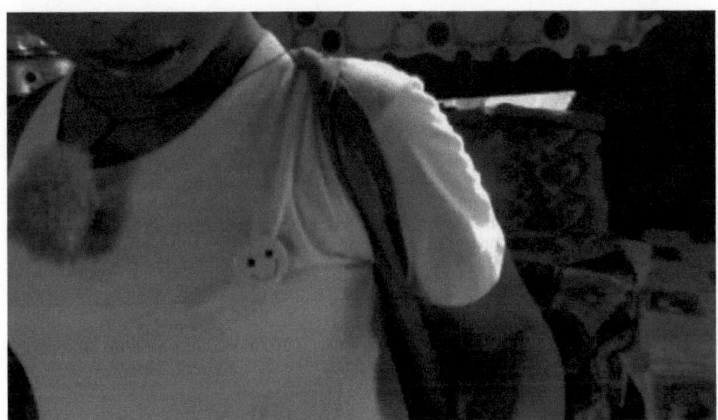

Abb. 43: ...und trägt diesen später öfter. (00:12:04)

Der Smiley ist dabei nicht nur ein, auch hiesigen Kindern bekanntes, Symbol, sondern stellt für Reinalyn einen persönlichen Schatz dar, auf den sie besonders aufpasst. Der persönliche Bezug zu einem liebgewonnen Gegenstand ist, denke ich, auch für Kinder in Deutschland nachvollziehbar.

Weitere bekannte Symbole finden sich aufgrund der Religiosität der Familie von Reinalyn. Die Familie scheint einer christlichen Kirche anzugehören und religiöse Rituale werden öfters im Film thematisiert. Neben Kreuzen findet sich in einer Einstellung im Hintergrund der alten Wohnung der Familie ein Abbildung des Gemäldes „Das Abendmahl" von Leonardo da Vinci.

Ein anderes Symbol, das ich als transkulturell bezeichnen würde, ist das Logo der Fernsehsendung „Big Brother". Reinalyn trägt bei einem Interview ein T-Shirt mit dem Logo der Sendung.

Abb. 44: Abbildung von da Vincis „Das Abendmahl". (00:11:47)

Abb. 45: Logo der Sendung „Big Brother" auf Reinalyns T-Shirt. (00:18:17)

Zusammenfassung

Der Film „Reinalyn will raus aus dem Müll" erzählt die Herausforderungen eines Mädchens, das auf einer Müllkippe mit ihrer Familie lebt und in eine neue Umgebung umzieht. Dabei wird zum einen gezeigt, wie die Lebensumstände auf der Müllhalde sind, aber auch die Probleme, am neuen Standort Fuß zu fassen und anzukommen. Im Film wird dabei mithilfe des auktorialen Sprechers, der kindlichen Ich-Sprecherin, kinematografischer Arbeit und Effekten, sowie durch nicht-diegetische Musik eine hybride Emotionalität für die Umstände des Mädchens erzeugt. Dabei ist nicht immer ganz klar, ob Reinalyn

134

ihre Situation ähnlich erlebt, wie vom Filmemacher inszeniert. Somit schwebt über dem Film eine emotionale ethnozentristische Rahmung.

Weitere Filme dieses Musters

Das Muster der hybriden Emotionalisierung habe ich nur in Filmen der Kika-Reihe „Schau in meine Welt" vorgefunden. Das Muster lässt sich dabei jedoch nicht auf alle Filme der Reihe übertragen, da sie unter anderem auch die Lebenswelt von Kindern in Deutschland thematisiert, die ich aber aufgrund nicht mit in die Analyse hineingenommen habe. Auch war es mir nicht möglich, alle Filme (über 40 Filme) der Reihe zu sichten. Allerdings lässt sich dieses Muster mit einer Ausnahme bei den von mir analysierten Filmen finden.

Im Film „Hassani und seine Walhaie" (2013) von Frank Feustle und Simone Walther wird die Lebenswelt des 13-jährigen Hassani auf der tansanischen Insel Mafia gezeigt. Hassani fährt jeden Tag hinaus aufs Meer, um Walhaie zu beobachten. Im Film geht es insbesondere um die Gefährdung der Tiere und die Ausbeutung durch den Menschen. Die Emotionalisierung erfolgt besonders durch Unterwasseraufnahmen der Tiere, die mit entsprechender Musik unterlegt sind.

Der Film „Von Athen auf die Insel" (2012) von Carsten Maaz, erzählt die Geschichte des 11-jährigen Christos, der aufgrund der Wirtschaftskrise in Griechenland mit seinen Eltern von Athen auf die Insel Lesbos ziehen muss. Ähnlich der Geschichte von Reinalyn geht es im Film um die Auseinandersetzung mit dem Verlust der alten Heimat und dem Ankommen in einer neuen Welt unter Bezugnahme auf den wirtschaftlichen Kontext. Im Film wird besonders durch unterschiedliche musikalische Untermalung Emotionalität erzeugt.

Ebenso arbeiten die Filme „Nadine - Ein Wüstenmädchen in Australien" (2013) von Cordula Henne und „Khuyagaa - ein Tag im Leben eines Nomadenjungen" (2013) von Uisenma Borchu mit starker musikalischer Untermalung.

Eine Ausnahme stellt der Film „Loden - der kleine Mönch" (2012) von André Hörmann dar. Der Film thematisiert das Leben des 12-jährigen Loden, der als buddhistischer Mönch in Nepal lebt und als Ziel hat, ein Lama zu werden. Auch zur Sendereihe „Schau in meine Welt" gehörend, unterscheidet er sich in den Kategorien Kontextualisierung- und non-verbale Identifikation

entscheidend von den anderen Filmen des Musters der hybriden Emotionalisierung. Im Film wird auf einen auktorialen Sprecher verzichtet, dafür der kindliche Ich-Sprecher sehr in den Vordergrund gestellt. Auch wird auf jegliche
Musik verzichtet. Der Film stellt eine Mischung der Muster „Distanzierte
Beobachtung" und „Kinematografische Emotionalisierung" dar. Ich erwähne
ihn in diesem Zusammenhang, da er eine Ausnahme der analysierten Filme aus
der Reihe „Schau in meine Welt" darstellt, die sonst alle auf das Muster der
hybriden Emotionalisierung passen. Somit können auch weitere Filme der
Reihe nicht automatisch homogen diesem Muster zugeordnet werden.

6.2.4 Individualistisch-transkulturelle Kindheit (Bollywood Boy)

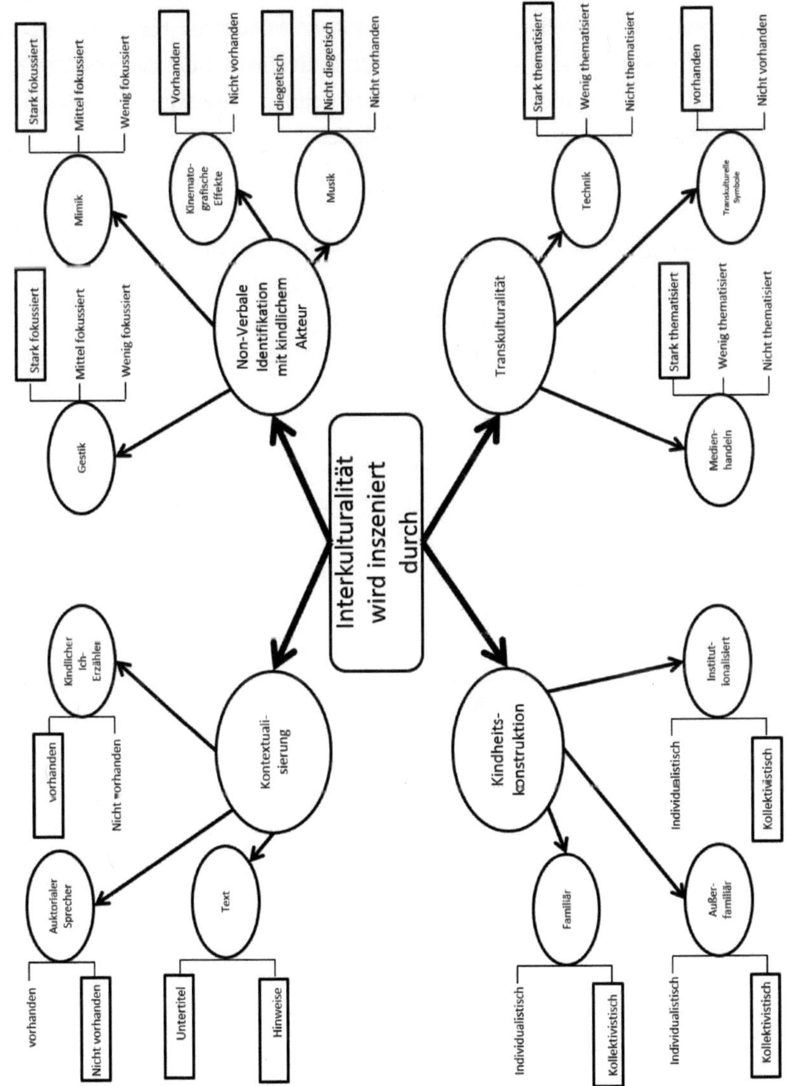

Abb. 46: Das Muster „individualistisch-transkulturelle Kindheit"

Das Muster der „individualistisch-transkulturellen Kindheit" findet sich in Filmen, die die Lebenswelt von Kindern beschreibt, die Aufgrund besonderer Begabungen oder Lebensumständen aus ihrer Alltagswelt hervorstechen. Filme dieses Musters sind von einer starken Individualität der dargestellten Kinder und deren betontes mediales Handeln geprägt. Das Muster werde ich anhand des Filmes „Bollywood Boy" vorstellen.

Allgemeine Hinweise zum Film

Der Film „Bollywood Boy" (30 Min) von André Hörmann ist aus der Reihe „Fremde Kinder" und stammt aus dem Jahr 2009. Er begleitet den im Film etwa 12-jährigen Tanay Chheda, einen Jungen der indischen oberen Mittelschicht, der aufgrund seiner Tätigkeit als Bollywood-Schauspieler auch in Deutschland aus dem Film „Slumdog Millionär" (2008) und dem Kinderfilm „Hexe Lili – und die Reise nach Mandolan" (2011) bekannt ist.[16]

Zu Beginn des Filmes wird Tanay bei Dreharbeiten für den Film „Mastang Mama" gezeigt. Dabei erklärt er, welche Szenen er gerade dreht und was seine Rolle im Film ist. Nach dem Dreh wird das Zuhause des Jungen gezeigt und ein gemeinsames Abendessen der Familie. Am nächsten Morgen wird Tanay in die Schule, zum Frisör und beim Treffen mit Freunden von der Kamera begleitet. Anschließend wechselt der Handlungsraum mit zeitlichen Sprüngen zwischen Drehorten und seinem Zuhause. Der Film endet mit einem Besuch des Jungen einer indisch-orthodoxen Kirche.

Kontextualisierung

Der Film arbeitet ohne auktorialen Sprecher, sodass jegliche Rahmung über Untertitel und Tanay selbst erfolgt. Der Junge ist dabei die prägendste Person, da er Situationen erklärt, rahmt oder aber emotional kommentiert. Wenn das Kind etwas zu einer Situation sagt, wird die Originalstimme von Tanay, der Englisch spricht, über den Film gelegt, ohne dass er zu sehen ist. Darüber wird die Stimme eines Jungen in Deutsch gelegt, der das wiederholt, was Tanay auf Englisch sagt. Zu Beginn des Filmes stellt sich der Junge selbst nicht vor, sondern erzählt etwas über Bollywood und seine Aufgaben:

---

16   Weitere Informationen finden sich in seinem Wikipediaeintrag: http://de.wikipedia.org/wiki/Tanay_Chheda am 05.06.2013

„In Bollywood gibt es einfach alles: Bettler, Millionäre, das ganze Masalar, alle Gefühle, ganz großes Drama, all das ist Bollywood." (00:00:34 – 00:00:52)

„Gerade drehen wir Mastang Mama, in einer Szene spielen wir Cricket, ich schlag 'nen Volltreffer, dann kracht der Ball ins Fenster eines Nachbarn." (00:01:40 – 00:01:56)

Der Name des Jungen, sein Alter und seine Aufgabe als Schauspieler werden während des ganzen Filmes nicht expliziert, sondern können nur aufgrund dessen, was gezeigt und zwischen den Menschen gesagt wird, festgestellt werden. Auch wird nicht erklärt, in welcher Stadt und welchem Land der Film spielt. Somit wird von den kindlichen Zuschauern ein Vorwissen um die indische Filmindustrie, im speziellen Bollywood, abverlangt, um den Film geografisch zuordnen zu können.

Im Film rahmt Tanay das Geschehen immer wieder aus seiner kindlichen Sichtweise und gibt so die Möglichkeit, die Ereignisse für die kindlichen Zuschauer nachempfindbar zu machen:

„Mein Regisseur ist riesengroß und ganz schön dick. Man kann mit ihm Spaß haben, aber wenn's ans drehen geht, wird er schnell sauer und sagt: Jetzt wird's ernst, Kleiner!" (00:03:45 – 00:03:59)

Auch seine Träume und Gedanken um seine Zukunft werden vom Jungen direkt mitgeteilt:

„Wenn ich groß bin, will ich viele verschiedene Sachen machen: Ich will Filmregisseur sein, ich will Archäologe sein und Abenteuer erleben, so wie Indiana Jones. Ich will Diplomat sein, ich will Schriftsteller sein. Ich will ganz viele verschiedene Sachen machen." (00:07:47 – 00:08:19)

Abb. 47: Halbnahe Einstellung des Regisseurs.
Rahmung durch den Tanay aus dem Off. (00:03:54)

In einer Einstellung sitzt Tanay auf dem Weg von der Schule nach Hause im
Auto und wird von seiner Mutter mit Essen gefüttert. An einer Ampel kommen
bettelnde Kinder ans Auto und fragen nach Essen.

Abb. 48: Tanay wird im Auto gefüttert. (00:11:09)

Abb. 49: Kinder betteln am Auto nach Essen. (00:11:16)

Diese Szene wird von Tanay aus dem Off wie folgt gerahmt:

> „Wenn ich Bettler sehe, werde ich manchmal echt traurig. Sie baden nur selten und putzen sich nicht jeden Tag die Zähne. So einen zu spielen ist echt schwer. Als wir in den Slums von Darawji drehten, dachte ich nur: Ich will nach Hause, vor den Fernseher, wo die Klimaanlage ist." (00:11:23 – 00:11:59)

Durch diese Szene wird m.E. stark die hierarchische Gesellschaftsordnung von Indien thematisiert, ohne dass diese von einem Sprecher erklärt werden müsste. Der starke Kontrast der Bilder des im trockenen sitzenden und gefütterten Tanay und der halbnackten auf der Straße bettelnden Kindern, wird durch die Aussage des Jungen deutlich verstärkt und die gesellschaftliche Rahmung durch das Kind selbst durchgeführt.

Sehr ausgeprägt ist die Kontextualisierung des Filmes auch durch die Verwendung von Untertiteln und Text. Diese finden bei nahezu allen Interaktionen von Menschen vor der Kamera Verwendung. So wird der Name des Jungen das erste Mal indirekt gezeigt, als er mit einer Freundin bei Facebook chattet.

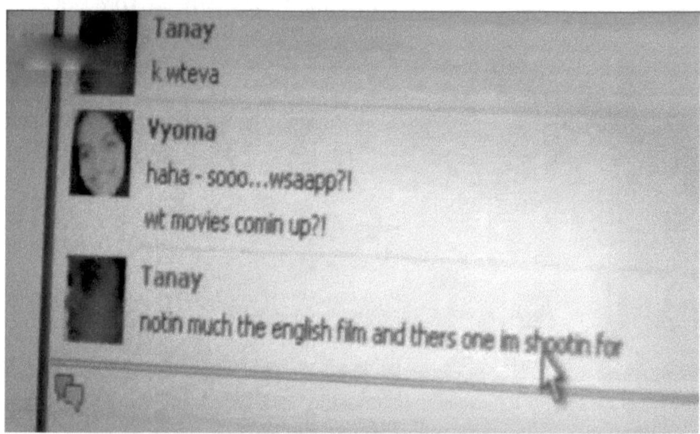

Abb. 50: Aufnahme des Facebookchatfensters, mit der ersten
Erwähnung von Tanays Namen. (00:06:23)

Viele weitere Informationen über Tanay, werden erst unter Bezugnahme seiner Interaktion mit anderen Menschen in Alltagssituationen durch die Verwendung von Untertiteln mitgeteilt.

Abb. 51: Beim Friseur. (00:12:28)

Abb. 52: Treffen mit Freunden. (00:14:54)

Der kindliche Rezipient muss sich viele Informationen selbst erschließen. Durch den kindlichen Ich-Sprecher und Untertitel werden zwar Rahmungsinformationen gegeben, jedoch sind diese subjektiv konnotiert. Das fordert die kindlichen Zuschauer m.E. dazu heraus, sich selbst mit dem Dargestellten auseinanderzusetzen.

Kindheitskonstruktion

Wie der Mustername vermuten lässt, ist die Kindheitskonstruktion im Film stark individualistisch. Das ist m.E. auch deshalb sehr interessant, da hier die Lebenswelt eines Kindes thematisiert wird, das in einem Land (Indien) lebt, das ich von außen betrachtet eher als kollektivistisch betrachten würde.

Innerhalb der Familie wird Tanay als etwas Besonderes betrachtet, was er auch selbst thematisiert. Als er in einer Einstellung seine kleine Schwester zurechtweist, sagt er aus dem Off:

> „In orthodox-indischen Familien steht der Sohn im Mittelpunkt, weil er der Stammhalter ist. Die Töchter verlassen ja später das Haus, deswegen werde immer ich bevorzugt, wenn wir streiten." (00:23:29 – 00:23:47)

Diese Bevorzugung innerhalb der Familie wird auch durch ein Bild des Jungen in einem Rahmen, das von der Kamera festgehalten wird, verstärkt.

Abb. 53: Tanay in einem Bilderrahmen der Eltern. (00:23:01)

Neben einem eigenen Zimmer, verfügt der Junge innerhalb der Familie über eigene Bedienstete, die ihm die Schuhe putzen und einen Fahrer, der ihn zur Schule und zu den Drehorten fährt.

Außerhalb der Familie hat er aufgrund seines prominenten Daseins eine hervorgehobene Stellung, was sich insbesondere an den Drehorten wiederspiegelt, wo er meist im Mittelpunkt des Geschehens steht und sich alles um ihn dreht.

Auch in der Schule spielt er aufgrund seiner Prominenz eine besondere Rolle. Jedoch wird er in der Schule, als einziger Bereich des Filmes, auch dazu gezwungen, sich einer Gruppe unterzuordnen. Das fällt zum einen durch das Tragen weißer Schulkleidung auf, zum anderen durch ein gemeinsames Gebet am Schulanfang.

Die Kindheit von Tanay ist stark segmentiert und organisiert. Das wird vor allem durch die ständigen Ortswechsel des Jungen sichtbar. In dem halbstündigen Film bewegt sich das Kind zwischen unterschiedlichen Drehorten, seinem Zuhause, der Schule, dem Friseur, dem Tanzlehrer, im Bowlingcenter, dem Treff mit Freunden, dem Arzt, und immer wieder im Auto, das ihn von einem Ort zum nächsten bringt.

Im Film werden immer wieder seine Zukunft und seine Träume thematisiert. Somit ergibt sich das Bild eines Kindes, das jetzt, aber auch in Zukunft stark gefordert ist. Auf diese Zukunft hat er selbst Einfluss durch jetzige harte Arbeit und Disziplin. Für ihn gilt es, den jetzigen Status zu halten und auszubauen. Sein gestresstes Leben reflektiert er dabei an einer Stelle selbst. Als er in einer Szene im Auto sitzt, sagt er aus dem off:

> „Ich konnte nie mit ins Ferienlager. Alle meine Freunde fahren dahin. Ich nicht. Ich muss immer drehen. Ich kann nie den ganzen Tag rumspielen oder meine Freunde besuchen. Ich will was anderes machen." (00:19:04 – 00:19:44)

Durch die dargestellte Segmentierung der Lebenswelt von Tanay, könnten m.E. deutsche kindliche Rezipienten die Möglichkeit haben, sich in dieser Lebenswelt wieder zu finden. Zwar weist die Lebenswelt von Tanay immer noch viele Möglichkeiten von Fremdheitserfahrungen auf, jedoch können, denke ich, durch die stark individualistisch dargestellte Kindheit Rückbezüge auf deutsche kindliche Lebenswelten ermöglicht werden.

Non-verbale Identifikation mit kindlichem Akteur
Durch immer wiederkehrende Nahaufnahmen des Jungen wird es den kindlichen Zuschauern im Film „Bollywood Boy" ermöglicht, Tanays Gefühlswelt mit zu durchleben. Besonders bedeutsam sind die Situationen, in denen das Kind einmal nicht im Mittelpunkt des Geschehens steht, sondern z.B. warten muss oder von einem Ort zum nächsten fährt.

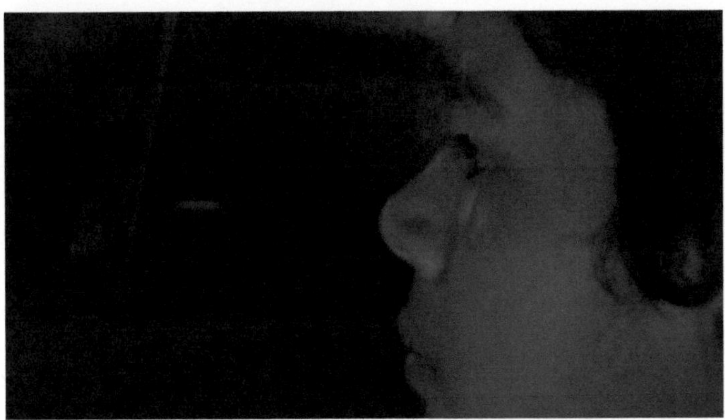

Abb. 54: Tanay nachdenklich im Auto… (00:04:41)

Abb. 55: …und erschöpft nach dem Dreh (00:18:14)

Durch die Nahaufnahmen treten die Besonderheiten des „Stars" in den Hintergrund und das Kind wird sichtbar und nachfühlbarer. Die Augen auf den Bildern zeigen eine gewisse Traurigkeit und Leere. Ohne Worte werden so die Schattenseiten des Ruhms sichtbar: Die harte Arbeit, die Disziplin und das, was dafür aufgegeben wird.

Die Kamera hält immer wieder Situationen fest, in denen Tanay als Kind wahrgenommen werden kann.

Abb. 56: Tanay leicht verschämt blickend. (00:14:42)

Abb. 57: Tanay wird vom Regisseur beschimpft. (00:16:16)

In Abbildung 56 unterhält sich Tanay mit Freundinnen, sie reden über sein Berühmtsein. Seinen Blick lese ich dabei als kindlichen, etwas stolz schauenden, aber dennoch verschämt wirkenden Blick. In Abbildung 57 wird Tanay vom Regisseur beschimpft, da er nicht so spielt, wie der Regisseur es gerne hätte. Auf diesem Bild ist der Junge von hinten zu sehen, er schaut zum Regisseur herüber und zupft dabei nervös an seinen Haaren. Mitten im Rampenlicht ist er ein Kind, das etwas falsch gemacht hat und am liebsten im Boden versinken möchte. Die Körperhaltung des Jungen, sein nervöses Zupfen, während ein Erwachsener schimpft, ist, so denke ich, für viele Kinder nachvollziehbar und nachempfindbar. Doch nicht nur über nahe Einstellungsgrößen wird eine nonverbale Identifikation geschaffen, sondern auch mit Hilfe kinematografischer Effekte. Dabei steht nicht die Gefühlswelt von Tanay im Mittelpunkt, sondern sein Traum, ein großer Bollywood-Schauspieler zu werden. Während er aus dem Off etwas zu bekannten Bollywood-Schauspielern erzählt, werden diese aus Filmszenen in den Dokumentarfilm reingeschnitten.

„Ich mag keine Schauspielerinnen aus Bollywood. Aamir Kahn ist der beste Darsteller. Salman Kahn ist der netteste Mensch. Actionmäßig ist Akshay Kumar die Nummer eins. Dramamäßig ist es Shah Rukh, alle sagen er spielt übertrieben, stimmt auch manchmal." (00:12:57 – 00:13:26)

Abb. 58: Filmszenen von Aamir Kahn... (00:13:08)

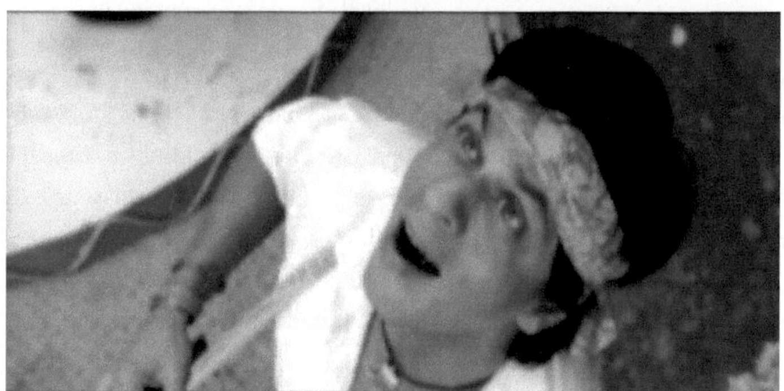

Abb. 59: ...und Shah Rukh (00:13:14) werden hineingeschnitten.

Den kindlichen Zuschauern wird durch das Reinschneiden der kurzen Filmsequenzen die Möglichkeit gegeben, die von Tanay genannten Namen zuordnen
zu können. Die mir eher unbekannten Schauspieler werden durch das Zusammenspiel von Tanays Aussage und den fiktionalen Filmsequenzen als Stars
dargestellt und bekräftigen damit den Wunsch des Jungen selbst so berühmt zu
werden.

Transkulturalität

Wie der Name des Musters vermuten lässt, ist die Kategorie der Transkulturalität im Film sehr ausgeprägt. Alleine der Titel des Filmes „Bollywood Boy"
rahmt die Handlung an einen mittlerweile auch im Westen recht bekannten
Filmmarkt. Als Nebenhandlung tauchen daher im Film ständig Eindrücke von

Filmsets und Dreharbeiten auf. Somit vermittelt der Film m.E. nicht nur Eindrücke aus der Lebenswelt von Tanay, sondern auch über das Filmdrehen im Allgemeinen.

Abb. 60: Filmaufnahmen als Hintergrundkontext. (00:02:15)

Abb. 61: Filmaufnahmen als Hintergrundkontext. (00:16:41)

Neben der vielfältig auftauchenden Form von Technik im Film, ist auch das Medienhandeln von Tanay stark ausgeprägt. Im Film chattet er via Facebook, verbringt seine Zeit mit Spielen auf seinem Smartphone und nutzt in der Schule Whiteboards. Dadurch wird ein Medienhandeln thematisiert, dass auch Kinder in Deutschland kennen könnten. Die Lebenswelten überschneiden sich hier, so meine Meinung, elementar. Meines Erachtens findet so ein klarer

Rückbezug zur eigenen kindlichen Lebenswelt statt und eröffnet den Raum zu Fremdheitserfahrungen in den Bereichen, in denen Unterschiede festgestellt werden können.

Abb. 62: Medienhandeln - Spielen auf dem Smartphone… (00:17:19)

Abb. 63: …und Chatten in Facebook (00:05:54)

Ebenfalls sehr ausgeprägt sind transkulturelle Symbole im Film. Auffallend dabei ist, dass es sich um Symbole aus kindlichen Lebenswelten wie zum Beispiel Comicfiguren und Cartoonsendungen handelt. So trägt eine Freundin von Tanay in einer Einstellung ein T-Shirt mit Disney-Figuren. In einer anderen Szene wird das Drehen einer Filmszene gezeigt. Die Kamera filmt dabei einen Monitor ab, auf dem die Szene zu sehen ist. Im Hintergrund des Filmsets ist dabei die Unterwasserwelt der auch in Deutschland bekannten Cartoonserie Spongebob Schwammkopf zu sehen.

Abb. 64: Mädchen mit Disneyfiguren. (00:14:26)

Abb. 65: Unterwasserwelt von Spongebob Schwammkopf. (00:15:46)

Neben diesen bekannten Symbolen wird im Film in einer Einstellung in der Schule das Thema Nationalsozialismus mit Bildern von Adolf Hitler und dem Hakenkreuz aufgegriffen. Auch diese Symbole rahme ich aufgrund ihrer Bekanntheit als transkulturelles Wissen.

Abb. 66: Tanay liest ein Buch über die Nazis in Deutschland (00:10:32)

Zusammenfassung

Der Dokumentarfilm „Bollywood Boy" rahmt das Gezeigte mit Hilfe eines kindlichen Ich-Sprechers und Untertiteln, ohne jedoch einleitende Hinweise zur Hauptfigur zu geben. Diese müssen erst durch Kontexte im Film erschlossen werden. Die Lebenswelt des Jungen Tanay ist stark von Individualität und transkulturellen Kontexten geprägt. Dabei bewegt sich das Kind zwischen erwachsener Eigenverantwortung und kindlichem Ausgeliefert- und Überfordertsein. Diese Polarisierung wird vor allem durch kinematografische Naheinstellungen des Jungen unter Bezugnahme auf den Kontext deutlich. Die verschwimmende Grenze zwischen Kind sein dürfen und verantwortlich handeln müssen ist ein hervorstechendes Merkmal des Musters „individualistisch-transkulturelle Kindheit", das auch in anderen Filmen dieses Musters wiederauffindbar ist.

Weitere Filme dieses Musters

Das Muster der individualistisch-transkulturellen Kindheit findet sich vorrangig in Filmen, die die Lebenswelt von Kindern in westlichen Ländern thematisiert. Im Film „Wie alle anderen" (2010) von Antonio Guidi, wird der Alltag des ca. 12-jährigen Niky erzählt. Dieser lebt wegen seines starken Asthmas mit seinen Eltern auf einem Boot im Mittelmeer. Um dennoch zur Schule gehen zu können, wird er per Satellitenschaltung mit seiner Klasse auf dem italienischen

Festland verbunden. Der Film thematisiert dabei zum einen die technischen Möglichkeiten des Fernunterrichts, aber auch die Einsamkeit des Jungen auf dem Boot.

Der Film „Wildfang" (2013) von Alina Skrzeszweska, fängt die Lebenswelt des 10jährigen Ricki auf. Ricki ist in Amerika geboren, seine Eltern allerdings sind aus China eingewandert. Im Film wird der Junge auf seinen Streifzügen durch das sogenannte „Toy District" von Los Angeles begleitet. Der Film thematisiert dabei die Problematik, sich einerseits auf der Straße behaupten zu müssen und andererseits sein Kindsein nicht zu verlieren.

Der Film „Von Bagdad nach Dallas" (2010) von Fritz Ofner kann auch diesem Muster zugeordnet werden, ist jedoch m.E. aufgrund seiner Komplexität, wenn überhaupt, nur für ältere Kinder verständlich. Der Film thematisiert die Geschichte des 12-jährigen Ahmed, der zunächst auf seiner Flucht aus dem Irak nach Syrien gezeigt wird und später beim Versuch sich in Amerika zu integrieren. Neben den unterschiedlichen Drehorten werden auch andere gesellschaftsrelevante Themen wie die Wirtschaftskrise in den USA beleuchtet.

Ebenfalls sehr komplex und eher als Jugenddokumentarfilm anzusehen, ist der Film „Über die Grenze gehen" (2010) von David Pablos. Im Film wird das Schicksal von Victor (12 Jahre), Sheila (9 Jahre) und Rosaura (13 Jahre) behandelt, die bei ihrem Versuch, alleine über die Grenze zwischen Mexico und den USA zu gelangen, aufgegriffen und polizeilich festgehalten werden. Die Besonderheit dieses Filmes besteht darin, dass die Kinder keine eigene Stimme bekommen, sondern als Opfer der politischen Umstände inszeniert werden.

6.2.5 Besonderheit: Kinematografische Emotionalisierung („Der Ernst des Spiels")

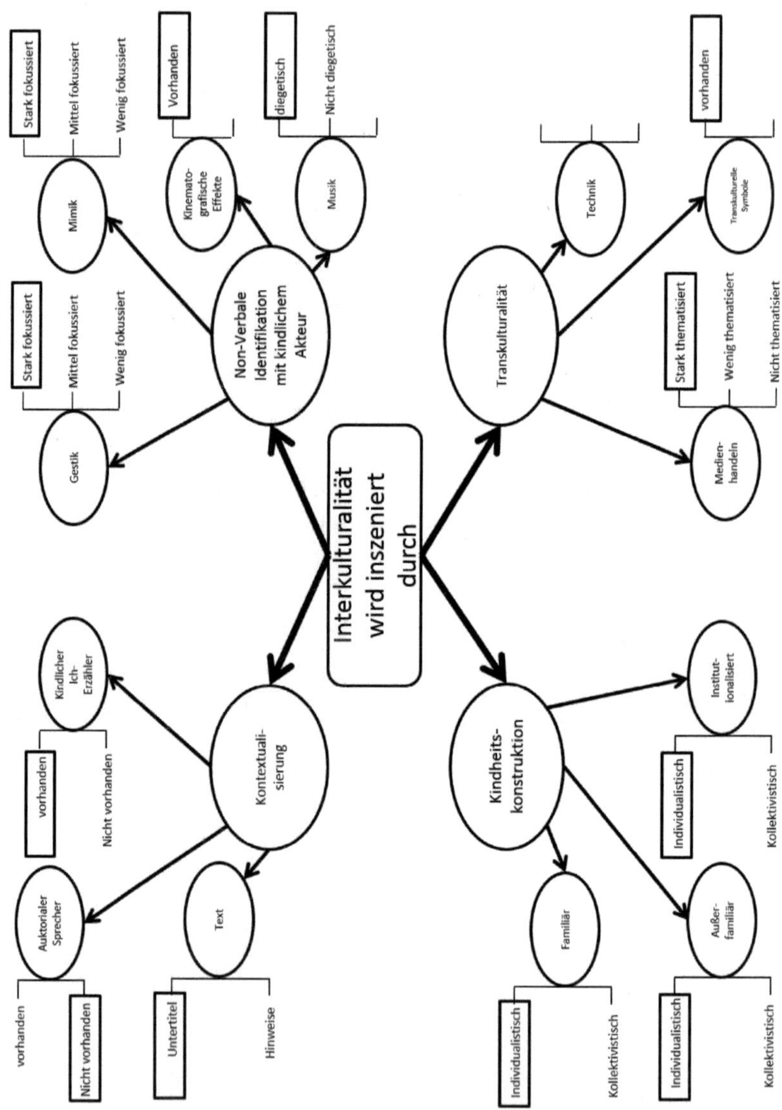

Abb. 67: Besonderheit: Kinematografische Emotionalisierung

Eine Besonderheit stellt das letzte Muster dar, das ich vorstelle. Das Muster konnte ich in zwei Filmen feststellen, wovon ich nun einen näher vorstellen möchte. Die Besonderheit liegt darin, dass sich die beiden Filme insbesondere in der Kategorie der Kindheitskonstruktion unterscheiden, allerdings die emotionale Identifikation mit dem kindlichen Akteur stark ausgeprägt ist und die Filme dieses Musters zu einem großen Teil über diese Kategorie aufgebaut sind. Die beiden Filme dieses Musters sind „Der Vorführer" und „Der Ernst des Spiels", wobei ich letzteren vorstellen werde.

Allgemeine Hinweise zum Film
Der Dokumentarfilm „Der Ernst des Spiels" (2008) von Christoph Behl zeigt die Alltagswelt des achtjährigen Tomas in Argentinien in der Stadt Rosario. Tomas stammt aus dem gleichen Stadtteil wie der bekannte Fußballspieler Lionel Messi und hat selbst das Talent, eines Tages Profifußballer zu werden. Der Film pendelt dabei zwischen Fußballspielen von Tomas, Einblicken in seine Familie und das Leben auf der Straße des Armenstadtviertels Grandoli. Der Film thematisiert den Versuch von Tomas' Eltern, den Jungen Talentscouts zu zeigen, damit dieser mithilfe des Fußballs aus der Armut entfliehen kann, allerdings ohne das Kind in ihre Pläne einzubeziehen. Prägend dabei ist, dass sich am Ende des Filmes ein Talentscout sich ein Spiel ansieht, Tomas jedoch genau in diesem Spiel nicht sein Talent zeigen kann und somit Tomas Zukunft am Ende ungewiss bleibt.

Kontextualisierung
Informationen über den Ort des Geschehens erhalten die kindlichen Rezipienten über eine Kinderstimme, die aus dem Off spricht. Tomas' Originalstimme ist dabei nur manchmal im Hintergrund zu hören. Auch in diesem Film stellt sich das Kind nicht zu Anfang vor, sondern erklärt, ähnlich wie im vorherigen Muster, gezeigte Situationen. Der Name des Kindes und sein Alter werden erst nach und nach klarer. Zu Beginn des Filmes wird Tomas gezeigt, wie er Fußbälle stoppt und zurück schießt. Als ein Mann ins Bild kommt und ihm etwas erklärt, kommt die Kinderstimme aus dem Off und sagt:

> „Mein Vater sagt immer, dass man hart, schnell und präzise schießen muss,
> damit der Ball auch in die Richtung geht, in die man ihn haben will. So

richtig weiß ich aber gar nicht was das heißt: präzise." (00:00:49 – 00:00:59)

Neben der Klarstellung, dass der ins Bild gekommene Mann Tomas' Vater ist, wird auch zu Beginn das Hauptthema des Filmes, Fußball, in den Hauptfokus gesetzt. Erst danach stellt der Junge, dieses Mal mit der Originalstimme im Hintergrund, die Stadt vor, in der er lebt.

Abb. 68: Totale des Stadtviertels in dem Tomas lebt. (00:01:23)

„Das hier ist mein Viertel: Grandoli in Rosario. Lionel Messi, der beste Fußballspieler der Welt, kommt auch von hier. Jetzt spielt er beim FC Barcelona und ist ein Star." (00:01:22 – 00:01:29)

Auch hier wird die Aufmerksamkeit gleich wieder auf das Thema Fußball gelenkt. Neben der dominierenden Fußballthematik wird zu Beginn auch die im Stadtteil herrschende Arbeitslosigkeit und Deprimiertheit der Einwohner angesprochen. So sagt Tomas: „Mein Vater hat auch für die Stadt gearbeitet, jetzt nicht mehr" (00:01:35 – 00:01:40) und später als ein paar Männer an einer Hauswand gezeigt werden, wie sie Bier trinken: „Die Männer vor dem Haus trinken immer viel Bier. Das kaufen sie im Kiosk nebenan." (00:02:50 – 00:02:59) Ohne das Wort „Arbeitslosigkeit" zu verwenden rahmt der Junge die Armut mit seinen eignen Worten und aus seiner Sichtweise.

Im weiteren Verlauf des Filmes findet die Kontextualisierung hauptsächlich über die Einblendung von Untertiteln, bei Gesprächen zwischen den vor der Kamera agierenden Personen, statt. Tomas spricht dann nur noch proviso-

risch aus dem Off, dann vor allem zur Fußballthematik, d.h. über seinen Lieb-
lingsclub, seine Trainingszeiten und zu den Versuchen des Vaters, ihn Talentscouts vorzustellen.

„Letztes Jahr habe ich selbst bei Central gespielt, aber das war sehr an-
strengend. [...] Ich musste vier oder fünfmal die Woche trainieren."
(00:04:59 – 00:05:12).

„Mein Vater ruft Leute an, damit sie kommen und mich anschauen. [...]
Ich mag es nicht, wenn Leute kommen um mich spielen zu sehen, dass
macht mich nervös." (00:15:59 – 00:16:30)

Im letzten Satz wird die Kernproblematik des Filmes sichtbar. Tomas' Mutter
und vor allem sein Vater versuchen das Talent des Jungen zu fördern und ihn
aus der Armut heraus zu bekommen. Dies tun sie jedoch, ohne den Jungen in
die Planungen einzubeziehen. Während des Filmes steht Tomas oftmals an der
Seite, während die Erwachsenen über ihn, aber nicht mit ihm reden. Das wird
auch an einer Stelle deutlich, als ein unbekannter Mann mit den Eltern über die
Zukunft des Kindes spricht, falls es mit dem Fußball nichts werden sollte
(00:17:55 – 00:18:33 in Untertiteln):

Abb. 69: Mutter und Vater sprechen über Tomas Zukunft. (00:18:23)

Mann: Und hast du herausgefunden, was er werden will,
wenn er nicht Fußballspieler wird?

Vater zu Tomas: Tomi, wenn du nicht Fußballspieler wirst, was dann?

Tomas:	Nichts.
Vater: (lacht)	Wie, nichts? Du wirst nicht arbeiten? Er wird Arzt, jaja!
Mutter:	Er hat doch Angst vor Blut!
Mann:	Vielleicht Kleiderdesigner?
Vater:	Er wird dann wie Guido Suller.
Mutter:	Also ich denke, mmh, wenn nicht Fußballspieler, dann…
Vater:	…dann Model! (lacht)
Mutter:	Oder Schauspieler.

Tomas bleibt während des Gesprächs zwischen seinen Eltern stehen, sagt aber außer seinem „Nichts", im weiteren Verlauf nichts mehr. Er spielt in verbalen Auseinandersetzungen im Film, die über Untertitel laufen, stets eine untergeordnete Rolle. Die Erwachsenen bestimmen und sagen, was gut für ihn ist. Das Gefühl der Sprachlosigkeit gegenüber dominierenden Erwachsenen kann dabei m.E. von den kindlichen Zuschauern nachempfunden und verstanden werden.

Kindheitskonstruktion

Die Kindheitskonstruktion in „Der Ernst des Spiels", ist zum einen eine individualistische, da sich alles um Tomas und sein Talent als Fußballer dreht. Er steht unter Einzelbeobachtung von außen und als Spielmacher auf dem Platz im Mittelpunkt. Er wird dadurch aus der Masse der anderen Kinder hervorgehoben. Tomas Kindheit bewegt sich im Film zwischen Elternhaus, Hinterhof, Fußballplatz und Stadionbesuchen. Das Ziel der Eltern ist der Erfolg des Jungen im Sport und sein persönliches vorankommen durch Leistung. Interessanterweise wird im Film das Thema „Schule" überhaupt nicht behandelt. Es dreht sich alles um Fußball und den ständigen Vergleich von Tomas mit Lionel Messi.

Auf der anderen Seite geht es gar nicht so sehr um das Kind, sondern um den Versuch der Eltern, aus der Armut zu entkommen. Die Eltern projizieren dabei ihre Hoffnungen auf eine bessere Zukunft auf ihren Sohn und belasten ihn damit. Es geht nicht um die Zukunft von Tomas, sondern um die der ganzen Familie.

Die Erwartungshaltung der eigenen Eltern ist meiner Meinung nach von den hiesigen kindlichen Zuschauern nachvollziehbar. Der Druck, gewisse Leistungen erbringen zu müssen, ist, so denke ich, vielen Kindern bekannt und für sie ist daher die Situation von Tomas bekannt.

Non-verbale Identifikation mit kindlichem Akteur
Durch die Entmündigung von Tomas durch die ihn umgebenen Erwachsenen können sich die kindlichen Rezipienten vor allem über kinematografische Mittel mit dem Jungen identifizieren. Die Kamera bleibt dabei konsequent auf der Höhe des Kindes und zeigt den Jungen oft in Nah- und Halbnaheinstellungen. Dadurch werden die Gefühlsregungen, die durch den Druck der Erwachsenen erfolgen, anschau- und nachfühlbar.

Abb. 70: Tomas Gefühlswelt im Fokus der Kamera. (00:10:26)

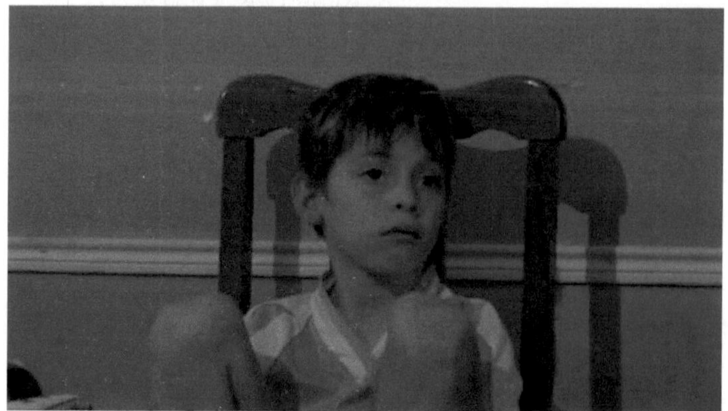

Abb. 71: Tomas Gefühlswelt im Fokus der Kamera. (00:14:52)

Erwachsene werden aus Sicht des Kindes gefilmt und wirken aus der Frosch-perspektive groß und mächtig.

Abb. 72: Mutter… (00:06:50

Abb. 73: …sowie Vater und Talentscout (00:24:18) aus Froschperspektive.

Die Übernahme der Perspektive des Kindes durch die Kamera schafft eine emotionale Identifikation mit der Tomas' Lebenswelt. Die Hilflosigkeit, mit der ein Kind Erwachsenen ausgeliefert ist, wird somit ohne verbale Entäußerung nacherlebbar.

An einer Stelle wird diese Machtlosigkeit im Zusammenspiel einer Aussage des Jungen und bildlicher Anteilnahme sichtbar. In dieser Situation guckt Tomas zusammen mit seiner Familie ein Fußballspiel im Stadion, dazu äußert er, dass es ihm manchmal keinen Spaß mache hier zu sein, da er nichts sehe.

„Die Spieler von Central gefallen mir. Aber manchmal wird mir auch langweilig, weil ich nicht alles sehe." (00:03:30 – 00:03:44)

Abb. 74: Tomas eingekesselt von Erwachsenen. (00:03:32)

Abb. 75: Ein Mann stellt sich direkt vor ihn. (00:03:42)

Auf dem ersten Bild werden die Erwachsenen, die um Tomas stehen, fast nur bis zur Brust gezeigt. Tomas orientiert sich mit seinen Augen und versucht etwas zu erkennen. Die Machtlosigkeit des Jungen im Stadion wird durch das Verstellen des Kamerablicks durch einen Mann verstärkt und anschaulich gemacht.

Transkulturalität

Transkulturelle Symbole und mediales Handeln finden sich in vielfältiger Weise in „Der Ernst des Spiels". Am prägnantesten ist dabei der Fußballspieler Lionel Messi, an dessen Erfolgsgeschichte sich die Eltern von Tomas orientieren. Der Fußballstar ist auch in Europa eine prominente Figur und daher, so denke ich, vielen Kindern bekannt. Insbesondere der Vater vergleicht seinen Sohn immer wieder mit dem bekannten Spieler.

Abb. 76: Tomas auf Fotos mit Lionel Messi… (00:10:57)

Abb. 77: und der Vater beim Gucken von Videos,
auf denen Messi in Tomas' alter ist. (00:14:47)

Neben der Identifikationsfigur Lionel Messi kommt mediales Handeln oft im
Film vor. Tomas wird neben dem Fernsehen beim Schauen von Videos auf
Youtube, beim Spielen mit der Playstation und beim Chatten mit dem MSN
Messenger gezeigt. Wie auch im vorherigen Muster gehe ich davon aus, dass
dieses mediale Handeln auch hiesigen Kindern bekannt sein dürfte. Sie stellen
Instrumente des Kommunizierens, Handelns und Spielens dar, die auch, in
gleicher Form, von hiesigen Kindern genutzt werden könnten.

163

Abb. 78: Tomas spielt auf der Playstation… (00:09:01)

Abb. 79: …und chattet mit dem MSN Messenger. (00:20:54)

Im Film gibt es eine Reihe transkultureller Symbole. Sehr prägnant dabei sind die Logos von Herstellern von Sportbekleidung wie Nike, Puma und Adidas. Da Tomas und sein Vater die meiste Zeit mit einem Fußballtrikot bekleidet sind, sind diese Symbole ständig im Bild. Aber auch Logos bekannter Fußball-clubs, wie dem FC Barcelona, bei dem Lionel Messi spielt, sind immer wieder sichtbar. Neben der großen Dominanz von Fußballsymbolen gibt es auch andere transkulturelle Symbole, die Kindern in Deutschland bekannt sein dürften. In einer Szene telefoniert Tomas' Vater mit einem Talentscout, im Hintergrund sieht man dabei eine Tapetenbordüre von Winnie Puh. In einer anderen Einstellung spielt Tomas mit anderen Kindern im Hinterhof, dabei tauschen sie Karten des japanischen Mangas Yu-Gi-Oh.

Abb. 80: Winnie Puh auf Bordüre. (00:15:52)

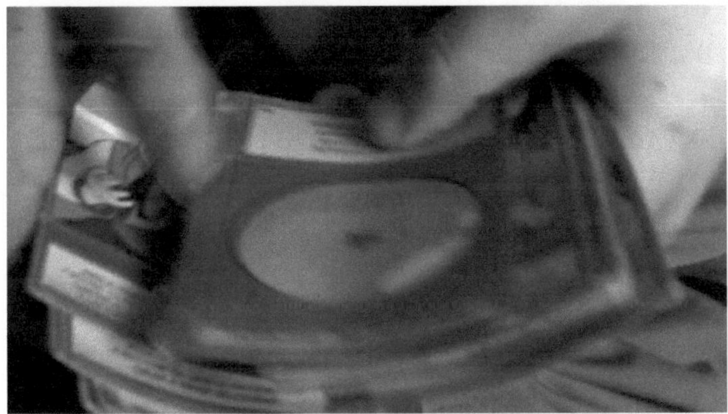

Abb. 81: Yu-Gi-Oh-Karten. (00:19:37)

Zusammenfassung

Im Dokumentarfilm „Der Ernst des Spiels" wird der von Eltern erzeugte Leistungsdruck und die Ohnmacht des Kindes gegenüber der Dominanz der Erwachsenen thematisiert. Um Tomas, neben den eingespielten Kommentaren, Raum für seine eigenen Gedanken und Gefühle zu geben, arbeitet die Kamera stets auf Augenhöhe des Jungen. Damit werden die ihn umgebenen Erwachsenen zwar als groß und mächtig dargestellt, bieten den kindlichen Zuschauern

165

aber auch Identifikationspotenziale mit Tomas und seinen Gefühlen an. Diese spezielle Kamerafokussierung, die eine Sicht des Kindes widerspiegelt, ist die Besonderheit des Musters „kinematografische Emotionalisierung".

„Der Vorführer" als weiterer Film dieses Musters
„Der Vorführer" (2012) von Shaheen Dill-Riaz kann als zweiter Film dem Muster „kinematografische Emotionalisierung" zugeordnet werden. Im Film wird die Alltagswelt des 10-jährigen Rakeeb, aus einem Vorort von Dakar in Bangladesch, thematisiert. Rakeeb muss zur Versorgung der Familie beitragen und arbeitet dafür als Filmvorführer in einem Kino. Der Film unterscheidet sich besonders in der Kategorie „Kindheitskonstruktion" von „Der Ernst des Spiels". Die Kindheit von Rakeeb ist sehr kollektivistisch konstruiert. Im Film wird in der Familie nicht das Einzelschicksal von Rakeeb thematisiert, sondern der Fortbestand der Familie an sich. Somit muss jedes Familienmitglied etwas dazu beitragen. In einem kleinen Raum mit mehreren Personen lebend, bleibt kein Platz für individuelle Wünsche. Aber auch in diesem Film sind es die Erwachsenen, die über die Kinder entscheiden und ihnen keinen Raum der freien Entäußerung geben. Auch hier wird, mit Hilfe von Kameraeinstellungen, die sich stets auf Augenhöhe von Rakeeb bewegen, eine emotionale Verbindung zwischen ihm und den kindlichen Zuschauern aufgebaut. Die hiesigen Kinder können so die kindliche Lebenswelt einer ihnen fremden Umgebung auf emotionale Weise nachempfinden. Neben der Kameraführung wird dem Jungen durch das Hereinschneiden fiktionaler Musikvideos seiner Lieblingsmusik, die er im Film mitsingt, eine weitere non-verbale Stimme gegeben.

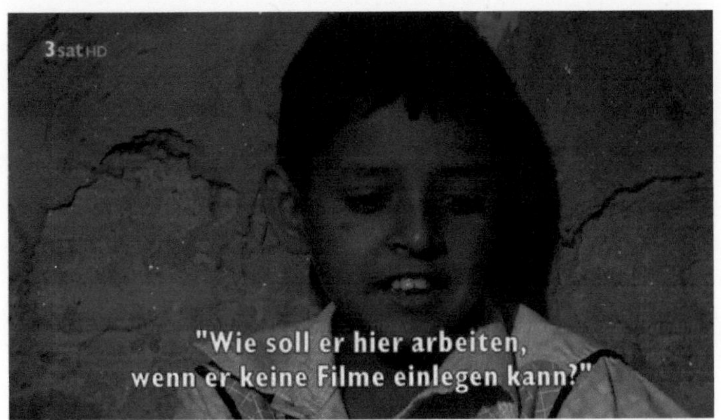

Abb. 82: Nahaufnahmen von Rakeeb bei einer Unterhaltung … (00:04:56)

Abb. 83: … und beim Weinen. (00:18:42)

7. Einordnung und Diskussion

Nachdem oben eine theoretische Auseinandersetzung mit interkultureller Medienbildung und daran anschließender empirischer Untersuchung erfolgte, werde ich nun die Ergebnisse meiner Analyse in Zusammenhang mit den theoretischen Bezügen setzen, diese einordnen und diskutieren.

7.1 Einordnung der Ergebnisse

Ich habe die Untersuchung unter die Fragestellung, wie Interkulturalität im Dokumentarfilm für Kinder inszeniert wird, gestellt. Die Frage lässt sich anhand der Empirie wie folgt beantworten:

1. *Kontextualisierung:* Mithilfe eines auktorialen Sprechers, kindlichem Ich-Erzähler und/oder Text bekommen die kindlichen Zuschauer Hinweise und Rahmungshilfen, um das Gezeigte einordnen zu können.
2. *Kindheitskonstruktion:* Die dargestellten kindlichen Lebenswelten werden mit einer aus westlicher Sicht stammenden, differenzierten und segmentierten Kindheitskonstruktion gelesen und miteinander verglichen.
3. *Non-verbale Identifikation mit kindlichem Akteur:* Mithilfe kinematografischer Arbeiten, Effekte und Musik wird eine non-verbale emotionale Identifikation zum im Film dargestellten Kind hergestellt.
4. *Transkulturalität*: In den Filmen lassen sich Handlungsweisen und Symbole ausmachen, die sowohl in der dargestellten Lebenswelt, als auch in der der kindlichen Zuschauer vorhanden und bekannt sind. Sie stellen somit hybride kollektive Orientierungsmuster dar.

Die Analyse ergab, dass die vier Kategorien in unterschiedlicher Art und Weise in den Filmen bedient werden. Je nach Ausprägung ließen sich fünf Muster ausmachen, mit denen die Forschungsfrage beantwortet werden kann. Diese Muster sind:

1. *Autoritär-auktoriale Rahmung:* Die Lebensweltvermittlung läuft mithilfe eines dominanten auktorialen Sprechers.
2. *Distanzierte Beobachtung:* Die Lebensweltvermittlung läuft über eine Beobachterperspektive, bei der die kindlichen Zuschauer eine gewisse Distanz zum Kind im Film wahren.
3. *Hybride Emotionalisierung:* Die Lebensweltvermittlung läuft über eine intentionalisierte und emotionalisierte Sichtweise des Filmemachers.
4. *Individualistisch-transkulturelle Kindheit:* Die Lebensweltvermittlung läuft über die Darstellung einer stark segmentierten und individualisierten Kindheit, die große Anschlussfähigkeit an die Kindheit hiesiger Kinder bietet.
5. *Kinematografische Emotionalisierung:* Die Lebensweltvermittlung läuft über kinematografische Arbeit, bei der das Kind in vielen Naheinstellungen gezeigt wird und somit aus seiner Umgebung emotional hervorgehoben wird.

Die Muster machen deutlich, dass die Inszenierung von Interkulturalität im Dokumentarfilm für Kinder auf unterschiedlichste Weise erfolgt und somit unterschiedliche Potenziale besitzt, um interkulturelle Medienbildungsprozesse zu ermöglichen. Nachstehend habe ich eine Grafik entwickelt, die die Arbeitsweisen der unterschiedlichen Muster nach der Art ihrer Lebensweltvermittlung und Grad ihrer Rahmungsvorgaben einordnet (siehe Abb. 84).

Die Analysen haben gezeigt, dass zum einen die Lebensweltvermittlung auf einer Achse verläuft, deren Pole eine kognitive oder emotionale Vermittlung sind. Kognitiv bedeutet hier, dass die Vermittlung der kindlichen Lebenswelt über Faktenwissen stattfindet. Auf der emotionalen Seite erfolgt eine Sensibilisierung der jeweils individuellen Lebenswelt und eine kulturelle Faktenvermittlung tritt in den Hintergrund. Die Achse der Bestimmtheit verläuft von bestimmt zu unbestimmt. Bestimmtheit bedeutet, dass die Möglichkeiten der kindlichen Rezipienten zur Selbstauseinandersetzung und -exploration mit dem filmischen Material von bestimmt bis unbestimmt eingegrenzt sind. Je unbestimmter ein Muster ist, desto höher das Potenzial, Erfahrungen von Tentativität zu machen.

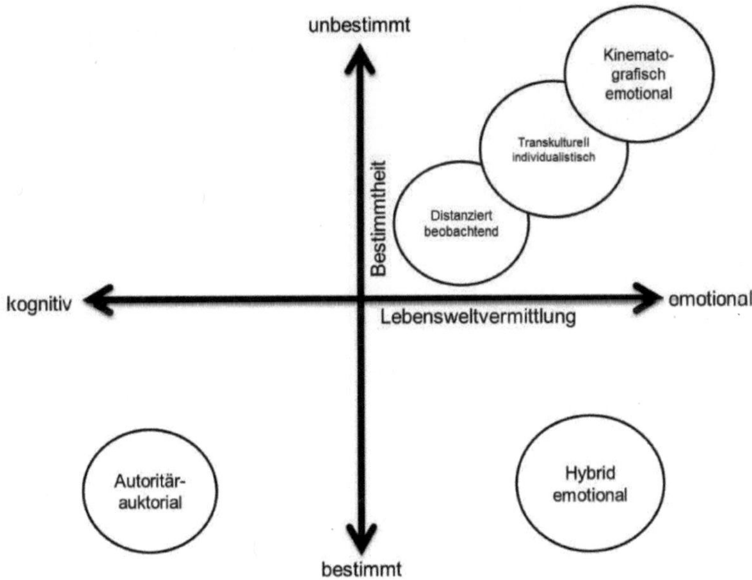

Abb. 84: Lebensweltvermittlungs- und Bestimmtheitsdimensionen der fünf Muster. Eigene Darstellung.

Bei der Einsortierung der Muster in das Koordinatensystem zeigt sich, dass das Muster der autoritär-auktorialen Rahmung über eine kognitive Lebensweltvermittlung und klare Bestimmtheit funktioniert. Damit ergibt sich für dieses Muster m.E. nur ein geringes Potenzial interkultureller Medienbildung. In den festen Strukturen und dem autoritären Erzählstil liegen eher die Gefahren von Vorurteilsbildungen und die Entstehung von abwertenden ethnozentrischen Klischees und Stereotypen kultureller Fremdheit.

Das Muster der hybriden Emotionalisierung bietet deutlich mehr Raum für eine sensiblere Auseinandersetzung mit einer fremden Kultur. Jedoch ist auch dieses Muster in der Bestimmtheit sehr eng, da die Intentionen des Filmemachers sehr explizit in den Filmen herausgestellt werden und somit die Lebenswelt der gezeigten Kinder in den Hintergrund rückt. Auch hier herrschen stereotypisierende Darstellungen vor, sodass interkulturelle Medienbildungsprozesse unwahrscheinlich sind.

Das Muster der distanzierten Beobachtung liegt am nächsten an der Mitte des Koordinatenkreuzes. Der „nichtprivilegierte Kamerastil" (MacDougalls 1984, S. 75) dieses Musters bietet deutlich mehr Weite in der Rahmung als die beiden vorhergehenden Muster. Allerdings wird durch den kindlichen Ich-Sprecher dieses Musters die Tentativität eingegrenzt, da das Kind meist die Rolle des auktorialen Sprechers übernimmt und die Kultur erklärt und somit Raum für Unbestimmtheitserfahrungen genommen wird.

Das Muster der individualistisch-transkulturellen Kindheit bietet viele Überschneidungspunkte mit der Lebenswelt hiesiger Kinder. Durch die emotionale und relativ weitgerahmte Erzählweise bietet das Muster viele Möglichkeiten der Identifikation aber auch der Auseinandersetzung mit der gezeigten anderen kindlichen Lebenswelt.

Das Muster der kinematografischen Emotionalisierung zeigt die größte Weite in Rahmung und Emotionalisierung. Das Muster bietet durch den sehr geringen Einsatz von festen Rahmungen und durch das kinematografische Herausstellen des gezeigten Kindes viele Möglichkeiten des Erlebens und der Auseinandersetzung mit einer fremden kindlichen Lebenswelt.

Bezugnehmend auf die vier Bildungsdimensionen der strukturalen Medienbildung lassen sich auf Grund der Forschungsergebnisse folgende Bildungspotenziale ausmachen:

Wissensbezug

Die Filme bieten das Potenzial, Wissen und Informationen über andere Länder und die dort lebenden Menschen zu erhalten. Unterschiedliche Lebenspraktiken, –umstände und Herausforderungen regen zum Nach-denken und zum Vergleichen an. Unbekannte und fremde Rituale, Feiern und Zeremonien bieten Möglichkeiten zur Auseinandersetzung mit Fremdheit und Unbestimmtheit.

Handlungsbezug:

Besonders Filme, die ohne eine enge Rahmung, aber mit größerer Emotionalität fremde kindliche Lebenswelten zeigen, bieten das Potenzial, durch die Sensibilisierung für die Lebensumstände anderer Kinder, meinungsbildend und unter Umständen sogar engagementfördernd zu wirken.

Grenzbezug:

Grenzbezüge lassen sich m.E. dort in Filmen ausmachen, wo religiöse und Glaubenspraktiken den Alltag der Kinder mitbestimmen. Anders als vielleicht bei vielen Kindern in Deutschland, war das Alltagsleben der dargestellten Kinder oftmals von Glaubensritualen mitgeprägt. Der gelebte Glaube der Kinder, in unterschiedlichen Religionen und Glaubensbezügen, bietet die Möglichkeit, unterschiedliche Arten des Glaubens kennen zu lernen und dessen Wichtigkeit für die Menschen, die diesen Glauben praktizieren, nachvollziehen zu können.

Biographiebezug:

Fast alle Filme zeigen die Lebenswelt eines bestimmten Kindes. Dabei wird mal mehr, mal weniger, auch auf die Vergangenheit bzw. mögliche Zukunft des Kindes eingegangen. Die Kinder in den Filmen sind gefordert, mit ihrem Leben und ihren Umständen zurechtzukommen und diese zu gestalten. Damit bieten die Filme Orientierungspotenzial für hiesige Kinder, die selbst gefordert sind, sich in einer komplexer werdenden Welt zurechtzufinden. Die Darstellung der Lebenswelten von Kindern anderer Kulturkreise bietet die Möglichkeit einer inter- bzw. transkulturellen Bildung, also eine Möglichkeit, die eigenen kollektiven Orientierungs-muster zu hinterfragen und zu strukturalen Veränderungen des Selbst- und Weltverhältnisses beizutragen.

In der Analyse des Forschungsstandes hat sich gezeigt, dass oftmals ein pädagogisch wertvoller Soll-Zustand zum Dokumentarfilm für Kinder propagiert wird, ohne jedoch einen Blick auf schon vorhandene Filme zu werfen. Auf Grundlage meiner empirischen Untersuchung können folgende Punkte genannt werden, die die Auseinandersetzung mit den kollektiven Orientierungsmustern einer anderen kindlichen Lebenswelt im Dokumentarfilm für Kinder m.E. besser ermöglichen könnten:

1. Durch den Verzicht oder die nur sparsame Verwendung eines auktorialen Sprechers, der die gezeigte Kultur vorab eingrenzt und erklärt, eröffnen sich mehr Möglichkeiten für eine individuelle Auseinandersetzung der kindlichen Zuschauer mit der fremden, aber auch der eigenen Kultur.

2. Ebenso bietet eine stärker emotionale Inszenierung mehr Möglichkeiten der Sensibilisierung für fremde Lebenswelten als eine kognitive.

3. Auktorial-kognitiv-starre Erklärungen anderer Kulturen sind im Kontext einer globalisierten und transkulturellen Welt stark zu hinterfragen und nicht mehr zeitgemäß.

4. Ethnozentristische Sichtweisen, insbesondere der Filmemacher, sind unvermeidlich, sollten aber m.E. deutlicher als solche herausgearbeitet werden.

5. Die porträtierten Kinder sollten als individuelle Persönlichkeiten inszeniert werden, mit ihrem ganz persönlichen Charakter und Sichtweisen auf ihre Welt. Nur dadurch kann durch die Filme m.E. die von Hannah Arendt am Anfang dieser Arbeit (Kapitel 2) genannte Notwendigkeit erreicht werden, dass verstanden wird, dass nicht der Mensch, sondern Menschen auf dieser Welt leben.

7.2 Globalisierung und Kindheit

Ein wichtiger Punkt, der sich aus der Analyse der Filme ergeben hat, ist das Verhältnis von Globalisierung und Kindheit. Die in Kapitel 2 herausgearbeiteten Vermischungen der Kulturen, also die mimetischen und transkulturellen Prozesse, lassen sich in den Filmen nachweisen und werden dadurch anschaulich. Ein wichtiger Punkt ist dabei die Aussage von Wulf (2002, S. 76):

„Die heutigen Formen gesteigerter Individualisierung werden erst durch die Prozesse der Globalisierung möglich; zugleich erfordern diese eine Intensivierung der Individualisierung."

Betrachtet man diese Individualisierungsschübe unter Honigs (2008) Prämisse, dass unser heutiges westliches Verständnis von Kindheit aus einer individualisierten und institutionalisierten geschichtlichen Entwicklung stammt, so lässt das den Schluss zu, dass die Konstruktion von Kindheit im Prozess der Globalisierung weltweit einer gesteigerten Form von Individualisierung unterworfen ist. Diese Aussage lässt sich m.E. durch die Filmanalysen verifizieren.

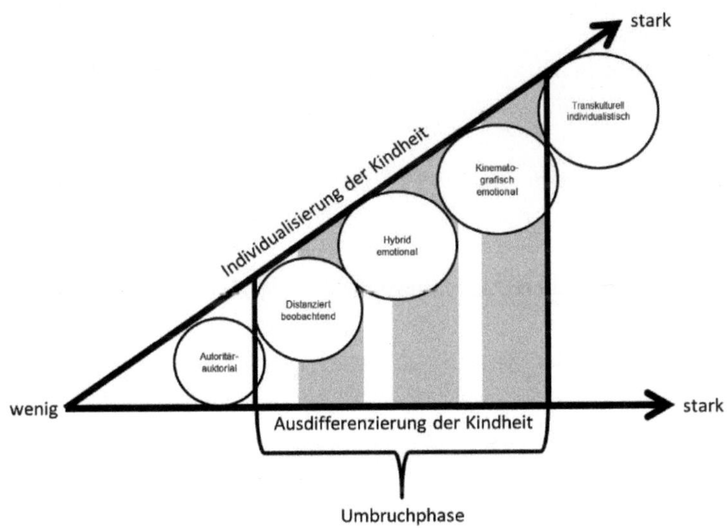

Abb. 85: Individualisierung und Ausdifferenzierung von Kindheit in den Mustern.
Eigene Darstellung.

Die Filme zeigten unterschiedlichste Formen der Konstruktion von Kindheit, und zwar größtenteils kollektivistische. Jedoch ließ sich in nahezu allen Filmen eine Differenzierungstendenz der Lebenswelten feststellen. So wurde das Thema der Schule in allen Filmen, selbst in Filmen, die das Leben von Nomadenvölkern thematisierten, zumindest angesprochen. Einhergehend mit dem Thema der schulischen Ausbildung verbinde ich die persönliche Gestaltung der eigenen Zukunft. Individualisierungs- und Ausdifferenzierungstendenzen lassen sich in den Filmen in unterschiedlicher Ausprägung finden. So zeigen einige Filme eine noch sehr geringe Individualisierung und Ausdifferenzierung von Kindheit, während sich in anderen bereits eine stark ausdifferenziert-individualistische Kindheit vorfinden lässt. Insgesamt lassen sich aber Individualisierungsumbrüche, oder auch Modernisierungsumbrüche feststellen.

In den drei mittleren Mustern wird der Umbruch der Individualisierung und Ausdifferenzierung von Kindheit am deutlichsten thematisiert und lässt sich am besten herauslesen.

Neben der Thematisierung von Individualisierung und Ausdifferenzierung der Kindheit muss auch von einer Transkulturalität der Kindheit gesprochen werden. Durch die in der Analyse herausgearbeitete Kategorie der Transkulturalität, wird deutlich, dass anscheinend in vielen Kulturräumen weltweit Symbole und Praktiken Anwendung finden, die nicht eindeutig einer Kultur zuzuschreiben sind. Besonders deutlich wird dies im Kontext medialen Handelns. Insbesondere Kommunikations-plattformen im Internet, die in den Filmen in Erscheinung getreten sind, bieten Anschluss an das, was Jörissen und Marotzki (2009, S. 178 Hervorhebung im Original) „kulturell *hybriden* medialen Raum" nennen. Die Vermischung der Kulturen artikuliert sich in den Filmen durch die Nutzung diverser Webplattformen. Räumlich getrennt könnten sowohl das proträtierte als auch das zuschauende Kind über diese Kommunikationsmöglichkeiten in Kontakt treten. Beide Lebenswelten vermischen sich dabei in einem transkulturellen Raum.

Die herausgearbeiteten transkulturellen Symbole können einerseits als tentative Suchprozesse der Kulturen gesehen werden, andererseits bieten sie aber auch das Potenzial eines westlich geprägten, hegemonialen Kulturimperialismus. Auffallend war, dass die meisten Symbole aus Kontexten amerikanischmedialer Produktionen zu kommen scheinen. Comic-Figuren, Hollywoodstars und –filme, Internetadressen großer amerikanischer, aber auch europäischer Konzerne stellen m.E. transkulturelle Symbole aus einem ökonomisch geprägten, westlich konnotierten Kontext dar. „Globalismus" und „Globalität" (Beck 1997, S. 26ff, siehe dazu Kapitel 2.1) sind in diesem Zusammenhang nicht so klar zu unterscheiden. Dementsprechend wäre es auch fatal, die wirtschaftliche Globalisierung von einer kulturellen getrennt zu betrachten. Die westliche wirtschaftliche Dominanz scheint sich, im Rückschluss auf die Analyse, in der lebensweltlichen Praxis vieler Menschen in unterschiedlichen Kulturen zu spiegeln. Insbesondere kindliche Lebenswelten müssen anscheinend heute in einem westlich dominierten transkulturellen Kontext gelesen werden.

7.3 Interkulturelle Medienbildung für Kinder

Als letzter Punkt in der Diskussion möchte ich mich kurz dem Verhältnis von interkultureller Medienbildung zu Kindern widmen. Dabei steht die Frage im Raum, inwieweit Kinder in der Lage sind sich, selbst reflexiv in der Welt zu verorten. Hierfür will ich nicht auf entwicklungspsychologische Theorien (vgl. u.a. Piaget, Kohlberg, Havighurst) eingehen, sondern mich bildungstheoretisch damit auseinandersetzen. Die strukturale Bildungstheorie (vgl. Marotzki 1999, S. 59) geht von einer reflexiven Verortung des Menschen in der Welt aus. Zum einen aus einer Selbstreferenz, zum anderen aus einer Weltreferenz. Marotzki (ebd.) spricht im Falle der Selbstbeobachtung im Bildungsprozess von Bildung II. Dieses Sich-selbst-reflexiv-beobachten stellt m.E. nach eine Leistung dar, zu deren Erbringung selbst viele Erwachsene nicht im Stande sind. Anders sieht es jedoch, meiner Meinung nach, im Bereich Lernen I bis Bildung I im Sinne Marotzkis aus. So stellt Lernen II gegenüber Lernen I eine *„Flexibilisierung der Reizreaktionen"* (Jörissen/Marotzki 2009, S. 23 Hervorhebung im Original) in einer vorgegebenen Rahmung da. Bildung I unterscheidet sich zu Lernen II durch „eine *Flexibilisierung dieser Rahmung selbst"* (ebd.).

Thiersch (2004, S. 239) sieht im Bildungsbegriff einen „Prozess der Aneignung von Welt und der Entwicklung der Person in dieser Aneignung". Er spricht in diesem Fall auch von „Lebensbildungsprozessen". Über das Potenzial der Aneignung von Welt und die damit verbundene „Selbstbildung" verfügt jeder Mensch von Geburt an. (vgl. Walbach 2012, S 22 in Bezug auf Laewen et al. 2002 und Dieken 2009)

> „Da der Mensch auf Selbstbestimmung und Selbstbildung angelegt ist, sind die Kinder selbst aktive Mitgestalter ihrer Bildungsprozesse. Laewen spricht ‚[...] vom konstruierenden Kind, das seinen Bezug zur Welt aus eigenem Antrieb und mit eigenen Mitteln organisiert [...]' (Laewen 2002, S. 53). Kinder treten von Anfang an ihrer Umwelt als Forscher gegenüber, sie entwerfen Hypothesen über die Beschaffenheit der Welt und ihre Beziehung zu ihr, welche sie dann wiederum korrigieren und weiterentwickeln." (Walbach 2012, S. 26)

Unter Rückbezug auf die Annahme, dass Menschen in modernen Gesellschaften vor der Aufgabe stehen mit einem hohen Grad an Kontingenz und Unbestimmtheit umgehen zu müssen. (vgl. Jörissen/Marotzki 2009, S. 16) sind dementsprechend auch Kinder in ihrem Sozialisationsprozess gefordert, sich in einer hochkomplexen Welt zurechtzufinden. Die kindliche „Aneignung von Welt" (Thiersch 2004, S. 239) und die damit verbundene Selbstbildung (Walbach 2012) erfolgt also in einem Kontext einer medialisierten, hochkomplexen

Gesellschaft. Somit sind Kinder im Sozialisationsprozess gefordert mit einer flexiblen Selbst- und Weltreferenz umzugehen. Diese Flexibilität sollte dabei nicht im Sinne einer kognitiven Reflexivität (Bildung II) verstanden werden, sondern im Sinne einer u.U. nicht bewussten Notwendigkeit. Das bedeutet die Notwendigkeit mit der Unbestimmtheit in einer modernen Gesellschaft umgehen zu müssen. Somit halte ich es durchaus für angebracht von einer Medienbildung für Kinder zu sprechen. Zumindest auf einer theoretisch-begrifflichen Ebene gibt es keinen Grund, Kindern die Möglichkeit, Medienbildungsprozesse zu erfahren, abzusprechen. Zu klären, inwieweit diese wirklich stattfinden oder ob lediglich der informative, auf Faktenwissen ausgerichtete Gehalt der Filme von Kindern wahrgenommen wird, ist m.E. nach Aufgabe der Rezeptionsforschung.

Im Kontext der interkulturellen Medienbildung bleibt zunächst die Frage, ob überhaupt noch von einer Interkulturalität gesprochen werden kann. Im Kontext moderner Gesellschaften, die u.a. geprägt sind von kulturellen Vermischungen, sodass Eigenes und Fremdes immer schwerer voneinander zu trennen sind, sollte m.E. eher von einer Transkulturalität gesprochen werden. Göhlich und Zirafs (2011, S. 71) sprechen daher im Kontext von Lern- und Bildungsprozessen von „transkulturellem Lernen".

> „Transkulturelles Lernen bezieht sich auf jene Sachverhalte, in denen es aufgrund von Erfahrungen von Transkulturalität zu Veränderungen von Selbst- und Weltverhältnissen und damit zu einem veränderten Wissen und Können der Beteiligten kommt." (Göhlich/Zirfas 2011, S. 73)

Die Autoren sprechen in diesem Kontext von Lernen. Der Ansatz bietet meiner Meinung nach aber auch Anschluss an ein Konzept transkultureller Bildung. Das bestätigen die Autoren auch selbst, wenn sie schreiben:

> „Transkulturelles Lernen gründet in Erfahrungen von Anders-Sein, Befremdung und Fremdheit, von Differenz, die identitätsirritierend, -gefährdend, aber in gewissem Sinne auch -bildend wirkt." (Göhlich/Zirfas 2011, S. 76)

Dieser Ansatz bietet m.E. große Anschlussfähigkeit an Jörissen und Marotzkis Konzept der strukturalen Medienbildung, indem diese Erfahrungen medial gemacht werden. So sollte zukünftig nicht mehr von interkultureller Medienbildung, sondern transkultureller Medienbildung gesprochen werden. Die Ergebnisse dieser Arbeit haben gezeigt, dass sich in vielen Kulturen transkulturelle Räume zeigten, sodass klar unterscheidbare kulturelle Trennungen zukünftig immer schwieriger werden. Die tentativen Suchbewegungen einer transkulturellen Medienbildung können dabei helfen, ein „gemeinsames Dazwischen" (Göhlich/Zirfas 2011, S. 72) zu finden.

Zusammenfassend bleibt festzustellen, dass manche Dokumentarfilme für Kinder das Potenzial einer inter- bzw. transkulturellen Medienbildung in sich tragen. Es geht dabei nicht um eine Pädagogik über Medien im Sinne einer Medienkompetenz, sondern um eine mediatisierte Auseinandersetzung mit den kollektiven Orientierungsmustern der eigenen Lebenswelt im Kontext einer komplexen, globalisierten Welt.

8. Fazit

In der vorliegenden Arbeit habe ich untersucht, wie Interkulturalität im Dokumentarfilm für Kinder inszeniert wird. Dafür habe ich mich zunächst bildungstheoretisch mit der Globalisierung und dem Eigenen und dem Fremden auseinandergesetzt und dann eine für diese Arbeit sinnvolle Definition einer „Interkulturellen Medienbildung" herausgearbeitet. Daran anschließend habe ich mich dem Dokumentarfilm, insbesondere der Darstellung von Fremdheit im Dokumentarfilm und dem Dokumentarfilm für Kinder gewidmet. In meiner Studie habe ich dann mithilfe der neoformalistischen Filmanalyse und der Grounded Theory vier Kategorien herausgearbeitet, wie Interkulturalität im Dokumentarfilm inszeniert wird: Durch Kontextualisierung, Kindheitskonstruktion, non-verbale Identifika-tion mit dem kindlichen Akteur und Transkulturalität. Durch unterschiedlichste Dimensionierungen der Kategorieeigenschaften haben sich fünf Muster herausarbeiten lassen, um eine Antwort auf die Forschungsfrage zu spezifizieren: Die autoritär-auktoriale Rahmung, die distanzierte Beobachtung, die hybride Emotionalisierung, das Muster der individualistisch-transkulturellen Kindheit, sowie die kinematografische Emotionalisierung. In einer abschließenden Diskussion bin ich auf die Bildungspotenziale der Muster eingegangen und habe mich mit Kindheit im Kontext der Globalisierung auseinandergesetzt.

Ein weiterer Punkt war die Frage, inwieweit die Theorie der strukturalen Medienbildung im Zusammenhang mit Kindern anwendbar ist. Die Arbeit hat gezeigt, dass aus Sicht der Medienbildung mehr in den Dokumentarfilmen steckt als reine kulturelle Wissensvermittlung. Die unterschiedlichen Macharten der Filme tragen das Potenzial in sich, nicht nur faktisches Wissen über andere Kulturen und deren Sitten und Gebräuche zu erfahren, sondern fern von engen Rahmungsgrenzen, die Lebenswelten der Menschen emotional mitzuerleben und sich so mit der fremden, aber auch der eigenen Kultur auseinanderzusetzen. Dazu konnte ich feststellen, dass Formen der Transkulturalität in fast allen Filmen aufzufinden sind und somit klare territoriale Abgrenzungen der unterschiedlichen Kulturräume verschwimmen und obsolet werden.

Interessante Fragen für weitere Forschungen wären z.B.: Lassen sich die gefundenen Muster in ähnlicher Weise auch in Dokumentarfilmen für Erwachsene finden? Wie übertragbar sind die Ergebnisse auf Kinderfilme mit dieser Thematik? Und wie sieht es in anderen medialen Formaten aus, wie zum Beispiel in Computerspielen, die in anderen Kulturkreisen spielen? Auch wäre die Sichtweise von Kindern anderer Kulturen, die westliche mediale Angebote nutzen und in ihre Lebenswelt integrieren, interessant.

Literaturverzeichnis

Abels, Heinz; Honig, Michael-Sebastian; Saake, Irmhild; Weymann, Ansgar (Hg.) (2008): Lebensphasen. Eine Einführung. 1. Aufl. Wiesbaden: VS, Verl. für Sozialwiss. (Lehrbuch).

Albrow, Martin (1996): The Global age. State and society beyond modernity. Cambridge: Polity Press.

Ariès, Philippe (Hg.) (1975): Geschichte der Kindheit. München: Dt. Taschenbuch-Verl. (Dtv, 4320).

Auernheimer, Georg (2003): Einführung in die interkulturelle Pädagogik. 3. Aufl. Darmstadt: Wiss. Buchges.

Baacke, Dieter (1999): Die 6- bis 12jährigen. Einführung in die Probleme des Kindesalters. 6. Aufl. Weinheim [u.a.]: Beltz (Beltz-Taschenbuch Pädagogik, 5).

Ballhaus, Edmund; Engelbrecht, Beate (Hg.) (1995): Der Ethnographische Film. Eine Einführung in Methoden und Praxis. Berlin: D. Reimer (Ethnologische Paperbacks).

Bauman, Zygmunt (2007): Leben in der flüchtigen Moderne. 1. Aufl. Frankfurt am Main: Suhrkamp.

Beck, Ulrich (1986): Risikogesellschaft. Auf dem Weg in eine andere Moderne. 5. Aufl. Frankfurt am Main: Suhrkamp.

Beck, Ulrich (1997): Was ist Globalisierung? Irrtümer des Globalismus, Antworten auf Globalisierung. 3. Aufl. Frankfurt am Main: Suhrkamp.

Beil, Benjamin; Kühnel, Jürgen; Neuhaus, Christian (2012): Studienhandbuch Filmanalyse. Ästhetik und Dramaturgie des Spielfilms. 1. Aufl. Stuttgart: UTB (UTB, 8499).

Bilstein, Johannes; Ecarius, Jutta; Keiner, Edwin (Hg.) (2011): Kulturelle Differenzen und Globalisierung. Herausforderungen für Erziehung und Bildung. 1. Aufl. Wiesbaden: VS, Verl. für Sozialwiss.

Böhme, Hartmut (1999): Gewalt im 20. Jahrhundert. Demozide in der Sicht von Erinnerungsliteratur, Statistik und qualitativer Sozialanalyse. In: *figurationen* 1 (1), S. 139–157.

Bordwell, David (1989): Making meaning. Inference and rhetoric in the interpretation of cinema. Cambridge, Mass: Harvard University Press (Harvard film studies).

Bordwell, David; Thompson, Kristin (2010): Film art. An introduction. 9. Aufl. New York: McGraw-Hill.

Brumlik, Micha (1989): Symbolischer Interaktionismus. In: Dieter Lenzen (Hg.): Pädagogische Grundbegriffe. Reinbek bei Hamburg: Rowohlt.

Bruzzi, Stella (2010): Der neue Dokumentarfilm. In: *Schnitt* (58), S. 8–12.

Buckland, Warren (2008): Film studies. New ed. London: Teach Yourself.

Bühler, Axel (1987): Karl Bühlers Theorie der Deixis. In: Achim Eschbach (Hg.): Karl Bühler's theory of language. Proceedings of the conference held at Kirchberg, August 26, 1984 and Essen, November 21-24, 1984. Amsterdam, Philadelphia: J. Benjamins Pub. Co. (Viennese heritage Wiener Erbe, 2), S. 287–299.

Bulut, Claudia (1999): Karfunkel - Die Konstruktion des Fremden im Kinderfernsehen. Online verfügbar unter http://www.mediacultureonline.de/fileadmin/bibliothek/bulut_karfunkel/bulut_karfunkel.pdf.

Charlton, Michael; Neumann-Braun, Klaus (1992): Medienkindheit, Medienjugend. Eine Einführung in die aktuelle kommunikationswissenschaftliche Forschung. Berlin: Quintessenz (Quintessenz Lehrbücher der Psychologie).

Crawford, Peter Ian; Turton, David (1992): Film as ethnography. Manchester, New York, New York: Manchester University Press in association with the Granada Centre for Visual Anthropology; Distributed exclusively in the USA and Canada by St. Martin's Press.

Elias, Norbert; Schröter, Michael (1987): Die Gesellschaft der Individuen. 1. Aufl. [Frankfurt am Main]: Suhrkamp.

Engelbrecht, Beate (1995): Film als Methode in der Ethnologie. In: Edmund Ballhaus und Beate Engelbrecht (Hg.): Der Ethnographische Film. Eine Einführung in Methoden und Praxis. Berlin: D. Reimer (Ethnologische Paperbacks), S. 130–157.

Eschbach, Achim (Hg.) (1987): Karl Bühler's theory of language. Proceedings of the conference held at Kirchberg, August 26, 1984 and Essen, November 21-24, 1984. Amsterdam, Philadelphia: J. Benjamins Pub. Co. (Viennese heritage Wiener Erbe, 2).

Felix, Jürgen (Hg.) (2002): Moderne Film Theorie. Mainz: Bender (Filmforschung, 3).

Flechsig, Karl-Heinz (2002): Kulturelle Identität als Lernproblem. In: Christoph Wulf (Hg.): Globalisierung als Herausforderung der Erziehung. Theorien, Grundlagen, Fallstudien. Münster, München [u.a.]: Waxmann, S. 64–74.

Friedrich, Margarete (Hg.) (1984): Die Fremden sehen. Ethnologie und Film ; Katalog zur Filmreihe des Filmmuseums im Münchner Stadtmuseum, Januar bis April 1984. [Wuppertal: Hammer] (Edition Trickster im Peter Hammer Verlag).

Fuxjäger, Anton (2007): Diegese, Diegesis, diegetisch: Versuch einer Begriffsentwirrung. In: *Montage AV* (2), S. 17–37.

Giddens, Anthony (1990): The consequences of modernity. Stanford, Calif: Stanford University Press.

Giddens, Anthony (1995): Konsequenzen der Moderne. 1. Aufl. Frankfurt am Main: Suhrkamp.

Göhlich, Michael; Zirfas, Jörg (2011): Transkulturalität und Lernen. In: Johannes Bilstein, Jutta Ecarius und Edwin Keiner (Hg.): Kulturelle Differenzen und Globalisierung. Herausforderungen für Erziehung und Bildung. 1. Aufl. Wiesbaden: VS, Verl. für Sozialwiss, S. 71–89.

Habermas, Jürgen (1981): Theorie des kommunikativen Handelns. Frankfurt: Suhrkamp.

Hall, Stuart (2008): Rassismus und kulturelle Identität. 4. Aufl. Hamburg: Argument-Verl.

Haller, Dieter (2005): dtv-Atlas Ethnologie. Unter Mitarbeit von Bernd Rodekurth. München: Deutscher Taschenbuch Verlag (DTV-Atlas, 3259).

Hardy, Forthy (1981): Grierson on the Movies. London: Faber and Faber.

Härtel, Hans-Hagen; Jungnickel, Rolf (1996): Grenzüberschreitende Produktion und Strukturwandel. Globalisierung der deutschen Wirtschaft. 1. Aufl. Baden-Baden: Nomos.

Hartmann, Britta; Wulff, Hans J. (2002): Neoformalismus - Kognitivismus - Historische Poetik des Kinos. In: Jürgen Felix (Hg.): Moderne Film Theorie. Mainz: Bender (Filmforschung, 3), S. 191–216.

Harvey, David (1989): The Condition of postmodernity: Blackwell.

Hattendorf, Manfred (1999): Dokumentarfilm und Authentizität. Ästhetik und Pragmatik einer Gattung. 2. Aufl. Konstanz: UVK Medien.

Haus des Dokumentarfilms (Hg.) (1999): Der Dokumentarfilm als Autorenfilm. Eine Umfrage des Hauses des Dokumentarfilms. Stuttgart.

Heidegger, Martin (1977): Die Zeit des Weltbildes. In: Martin Heidegger und Friedrich-Wilhelm von Herrmann (Hg.): Holzwege, Bd. 5. Frankfurt am Main: Klostermann, S. 87–88.

Heidegger, Martin; Herrmann, Friedrich-Wilhelm von (Hg.) (1977): Holzwege. Frankfurt am Main: Klostermann.

Hentig, Hartmut von (1975): Vorwort. In: Philippe Ariès (Hg.): Geschichte der Kindheit. München: Dt. Taschenbuch-Verl. (Dtv, 4320), S. 7–44.

Hepp, Andreas (2006): Transkulturelle Kommunikation. Konstanz: UVK.

Herzig, Bardo; Meister, Dorothee M.; Moser, Heinz; Niesyto, Horst (Hg.) (2010): Medienkompetenz und Web 2.0. Wiesbaden: VS, Verl. für Sozialwiss.

Hockings, Paul (Hg.) (1975): Principles of visual anthropology. The Hague: Mouton (World anthropology).

Hodgson, G. S. (1961): Lectures on the idea of Mankind. Chicago IL: Committee for the study of Mankind.

Hohenberger, Eva (2010): Bilder der Globalisierung. Visualisierungsstrategien in DARWINS ALPTRAUM, WE FEED THE WORLD und UNSER TÄGLICH BROT. Online verfügbar unter http://www.zhdk.ch/index.php?id=15061.

Honig, Michael-Sebastian (2008): Lebensphase Kindheit. In: Heinz Abels, Michael-Sebastian Honig, Irmhild Saake und Ansgar Weymann (Hg.): Lebensphasen. Eine Einführung. 1. Aufl. Wiesbaden: VS, Verl. für Sozialwiss. (Lehrbuch), S. 9–76.

Honneth, Axel (Hg.) (1993): Kommunitarismus. Eine Debatte über die moralischen Grundlagen moderner Gesellschaften. Frankfurt/Main u.a: Campus-Verl.

Hübner, Christoph (1999): Interviews mit Dokumentarfilmern. In: Haus des Dokumentarfilms (Hg.): Der Dokumentarfilm als Autorenfilm. Eine Umfrage des Hauses des Dokumentarfilms. Stuttgart, S. 35–48.

Hurrelmann, Klaus (2006): Einführung in die Sozialisationstheorie. 9. Aufl. Weinheim [u.a.]: Beltz.

Husmann, Rolf (Hg.) (1987): Mit der Kamera in Fremden Kulturen. Aspekte des Films in Ethnologie und Volkskunde. Emsdetten: Gehling (Interdisziplinäre Reihe, 1).

Husserl, Edmund; Held, Klaus (1986): Phänomenologie der Lebenswelt. Stuttgart: Reclam.

Husserl, Edmund; Ströker, Elisabeth (1987): Cartesianische Meditationen. Eine Einleitung in die Phänomenologie. 2. Aufl. Hamburg: Meiner.

Jörissen, Benjamin (2000): Identität und Selbst. Systematische, begriffsgeschichtliche und kritische Aspekte. Berlin: Logos.

Jörissen, Benjamin (2002): Virtually differenz - interkulturelle Erfahrungsräume im Internet. In: Christoph Wulf (Hg.): Globalisierung als Herausforderung der Erziehung. Theorien, Grundlagen, Fallstudien. Münster, München [u.a.]: Waxmann, S. 308–338.

Jörissen, Benjamin (2011): "Medienbildung" - Begriffsverständnisse und -reichweiten. In: Heinz Moser, Petra Grell und Horst Niesyto (Hg.): Medienbildung und Medienkompetenz.

185

Beiträge zu Schlüsselbegriffen der Medienpädagogik. neue Ausg. München: kopaed, S. 211–236.

Jörissen, Benjamin; Marotzki, Winfried (2009): Medienbildung - Eine Einführung. Theorie - Methoden - Analysen. Bad Heilbrunn: Klinkhardt.

Killius, Nelson; Kluge, Jürgen; Reisch, Linda (Hg.) (2002): Die Zukunft der Bildung. 1. Aufl. Frankfurt am Main: Suhrkamp.

Kinder- und Jugendfilmkorrespondenz (Hg.) (2002): Dokumentarfilme für Kinder. Dokumentation des Europäischen Symposiums "Dokumentarfilme für Kinder". Bestandsaufnahme - best practice - Perspektiven. Köln, 21. - 23. September 2001.

Klafki, Wolfgang (1991): Schlüsselprobleme der modernen Welt als ein Schwerpunkt einer neuen Konzeption der allgemeinen Bildung. Vortrag an der HPL Zofingen. Zofingen: Höhere Pädagogische Lehranstalt.

Klafki, Wolfgang (1994): Erziehung - Humanität - Demokratie. Erziehungswissenschaft und Schule an der Wende zum 21. Jahrhundert ; neun Vorträge. Korrigiertes Typoskript der für die Übersetzung ins Japanische vorgelegten Textfassung. Hg. v. Michio Ogasawara. Marburg.

Klöpping, Susanne (2004): Repräsentationen des kulturell "Fremden" zwischen Schrift und Film. Ethnographie, Visualität und die frühen Filme Trinh T. Minh-has als ästhetische Verfremdung des Wissenschaftsdiskurses. Konstanz. Online verfügbar unter http://kops.ub.uni-konstanz.de/bitstream/handle/urn:nbn:de:bsz:352-opus-18912/Kloepping_Diss.pdf?sequence=1.

Kokemohr, Rainer (2007): Bildung als Welt- und Selbstentwurf im Anspruch des Fremden. Eine Theoretisch-Empirische Annäherung an eine Bildungsprozesstheorie. In: Hans-Christoph Koller, Winfried Marotzki und Olaf Sanders (Hg.): Bildungsprozesse und Fremdheitserfahrung. Beiträge zu einer Theorie transformatorischer Bildungsprozesse. Bielefeld: Transcript-Verl., S. 13–68.

Koller, Hans-Christoph (2007): Probleme einer Theorie transformatorischer Bildungsprozesse. In: Hans-Christoph Koller, Winfried Marotzki und Olaf Sanders (Hg.): Bildungsprozesse und Fremdheitserfahrung. Beiträge zu einer Theorie transformatorischer Bildungsprozesse. Bielefeld: Transcript-Verl., S. 69–81.

Koller, Hans-Christoph; Marotzki, Winfried; Sanders, Olaf (Hg.) (2007): Bildungsprozesse und Fremdheitserfahrung. Beiträge zu einer Theorie transformatorischer Bildungsprozesse. Bielefeld: Transcript-Verl.

Koneffke, Gernot (2004): Globalisierung und Pädagogik - Bemerkung zu einer alten, vertrackten Beziehung. In: Jahrbuch für Pädagogik 2004. Globalisierung und Bildung. Frankfurt am Main: Lang, S. 237–254.

Kopperschmidt, Josef (1980): Sprache und Vernunft. Stuttgart [etc.]: Verlag W. Kohlhammer.

Krappmann, Lothar (1971): Soziologische Dimensionen der Identität. Strukturelle Bedingungen für die Teilnahme an Interaktionsprozessen. Stuttgart: Klett.

Krech, David; Benesch, Hellmuth (2006): Grundlagen der Psychologie. Studienausg., Sonderausg. Augsburg: Weltbild.

Kretzschmar, Sonja (2002): Fremde Kulturen im europäischen Fernsehen. Zur Thematik der fremden Kulturen in den Fernsehprogrammen von Deutschland, Frankreich und Großbritannien. 1. Aufl. Wiesbaden: Westdt. Verl.

Krüger, Heinz-Hermann; Marotzki, Winfried (Hg.) (1999): Handbuch erziehungswissenschaftliche Biographieforschung. Opladen: Leske + Budrich.

Lacan, Jacques; Haas, Norbert (1973): Schriften. Olten <etc.>: Walter.

Laewen, Hans-Joachim; Andres, Beate (2002): Bildung und Erziehung in der frühen Kindheit. Bausteine zum Bildungsauftrag von Kindertageseinrichtungen. Neuwied: Luchterhand.

Lenzen, Dieter (Hg.) (1989): Pädagogische Grundbegriffe. Reinbek bei Hamburg: Rowohlt.

Lobback, Stephanie (2008): Dokumentarfilme für Kinder. Zwischen künstlerischem und pädagogischen Anspruch. Masterarbeit. Potsdam. Online verfügbar unter http://opus.kobv.de/hff/volltexte/2009/64/pdf/LobbackDipl.pdf.

Loiperdinger, Martin (1996): Lumières Ankunft des Zuges. In: *KINTop 5*, S. 37–70.

MacDougalls, David (1975): Beyond Observational Cinema. In: Paul Hockings (Hg.): Principles of visual anthropology. The Hague: Mouton (World anthropology), S. 110–134.

MacDougalls, David (1984): Ein nichtprivilegierter Kamerastil. In: Margarete Friedrich (Hg.): Die Fremden sehen. Ethnologie und Film ; Katalog zur Filmreihe des Filmmuseums im Münchner Stadtmuseum, Januar bis April 1984. [Wuppertal: Hammer] (Edition Trickster im Peter Hammer Verlag), S. 70–94.

Mahnkopf, Birgit; Altvater, Elmar (1996): Les syndicats comme modérateurs dans la compétitivité géographique? La négociation collective dans le processus d'intégration européenne. Bruxelles: Institut syndical européen.

Marotzki, Winfried (1990): Entwurf einer strukturalen Bildungstheorie. Biographietheoretische Auslegung von Bildungsprozessen in hochkomplexen Gesellschaften. Weinheim: Deutscher Studien Verlag.

Marotzki, Winfried (1999): Bildungstheorie und Allgemeine Biographieforschung. In: Heinz-Hermann Krüger und Winfried Marotzki (Hg.): Handbuch erziehungswissenschaftliche Biographieforschung. Opladen: Leske + Budrich, S. 57–68.

Marotzki, Winfried, Jörissen, Benjamin (2008): Medienbildung. In: Uwe Sander, Friederike von Gross und Kai-Uwe Hugger (Hg.): Handbuch Medienpädagogik. 1. Aufl. Wiesbaden: VS Verlag für Sozialwissenschaften, S. 100–109.

Marotzki, Winfried; Jörissen, Benjamin (2010): Dimensionen strukturaler Medienbildung. In: Bardo Herzig, Dorothee M. Meister, Heinz Moser und Horst Niesyto (Hg.): Medienkompetenz und Web 2.0, 19-39. Wiesbaden: VS, Verl. für Sozialwiss.

Marotzki, Winfried; Nohl, Arnd-Michael; Ortlepp, Wolfgang (2005): Einführung in die Erziehungswissenschaft. 1. Aufl. Wiesbaden: VS, Verl. für Sozialwiss.

Marschall, Thomas (2010): Ethnographic Film meets TV-Broadcasting. Kollaborative, polyphone, und teilende Aspekte des narrativen ethnografischen Dokumentarfilms und deren Implementierung in ein kommerzielles TV Produkt, dargestellt am Beispiel der 3-sat Dokumentation Fronteira Brasil. Diplomarbeit. Online verfügbar unter http://othes.univie.ac.at/10958/1/2010-08-24_9609704.pdf.

Mathisen, Trygve (1959): Methodology in the study of international relations. Oslo: Oslo University Press.

Medienpädagogischer Forschungsverbund Südwest (2012): KIM-Studie 2012. Online verfügbar unter http://www.mpfs.de/fileadmin/KIM-pdf12/KIM_2012.pdf.

Mertens, Gerhard; Allemann-Ghionda, Cristina; Meder, Norbert (Hg.) (2011): Erziehungswissenschaft und Gesellschaft. Handbuch der Erziehungswissenschaft 6. 1. Aufl. Stuttgart: UTB GmbH.

Misselwitz, Anne (2007): Der Blick zurück. Begegnung mit kultureller Fremdheit im Dokumentarfilm. Diplomarbeit. Online verfügbar unter http://opus.kobv.de/hff/volltexte/2008/44/pdf/MisselwitzDipl.pdf.

Mittelstrass, Jürgen (2002): Bildung und ethische Maße. In: Nelson Killius, Jürgen Kluge und Linda Reisch (Hg.): Die Zukunft der Bildung. 1. Aufl. Frankfurt am Main: Suhrkamp, S. 151–170.

Moser, Heinz; Grell, Petra; Niesyto, Horst (Hg.) (2011): Medienbildung und Medienkompetenz. Beiträge zu Schlüsselbegriffen der Medienpädagogik. neue Ausg. München: kopaed.

Nestvogel, Renate (2002): Zum Verhältnis von "interkulturellem Lernen", "globalen Lernen" und "Bildung für eine nachhaltige Entwicklung". In: Christoph Wulf (Hg.): Globalisierung als Herausforderung der Erziehung. Theorien, Grundlagen, Fallstudien. Münster, München [u.a.]: Waxmann, S. 31–44.

Nichols, Bill (op. 1994): Blurred boundaries. Questions of meaning in contemporary culture. Bloomington and Indianapolis: Indiana University Press.

Nieke, Wolfgang (2008): Interkulturelle Erziehung und Bildung. Wertorientierungen im alltag. 3. Aufl. Wiesbaden: VS Verlag für Sozialwissenschaften.

Niesyto, Horst (2011): Interkulturelle Medienbildung. In: Gerhard Mertens, Cristina Allemann-Ghionda und Norbert Meder (Hg.): Erziehungswissenschaft und Gesellschaft. Handbuch der Erziehungswissenschaft 6. 1. Aufl. Stuttgart: UTB GmbH, S. 309–316.

Nitschke, Peter (op. 2012): Formate der Globalisierung. Über die Gleichzeitigkeit des Ungleichen. Frankfurt a.M, Bern [etc.]: P. Lang.

Otto, Hans-Uwe; Rauschenbach, Thomas (Hg.) (2004): Die andere Seite der Bildung. Zum Verhältnis von formellen und informellen Bildungsprozessen. 1. Aufl. Wiesbaden: VS Verlag für Sozialwissenschaften.

Parsons, Talcott (1951): The social system. New York, NY: Free Press.

Parsons, Talcott (1975): Gesellschaften. Evolutionäre u. komperative Perspektiven. 2. Aufl. Frankfurt a.M: Suhrkamp.

Pell, Eva (2009): Natives film Natives. Filmische Selbst- und Fremdbilder. Diplomarbeit. Online verfügbar unter http://othes.univie.ac.at/3612/1/2009-02-11_0202565.pdf.

Petersen, Thomas (Hg.) (2009): Visuelle Stereotype. Köln: von Halem.

Plutchik, Robert (1980): Emotion.

Postman, Neil (2000): Das Verschwinden der Kindheit. 13. Auflage. Frankfurt am Main: Fischer-Taschenbuch-Verlag ([Fischer-Taschenbücher], 3855).

Rauschenbach, Thomas; Düx, Wiebken; Sass, Erich (Hg.) (2006): Informelles Lernen im Jugendalter. Vernachlässigte Dimensionen der Bildungsdebatte. Weinheim, München: Juventa-Verl.

Rehbein, Boike; Schwengel, Hermann (2008): Theorien der Globalisierung. Konstanz: UVK-Verl.-Ges.

Robertson, Roland (1992): Globalization. Social theory and global culture. London: Sage.

Roth, Wilhelm (1982): Der Dokumentarfilm seit 1960. München: C.J. Bucher (Bucher Report Film).

Ruge, Wolfgang (2012): Roboter im Film. Audiovisuelle Artikulationen des Verhältnisses zwischen Mensch und Technik. Hg. v. Winfried Marotzki und Johannes Fromme. Stuttgart: Ibidem-Verl (Magdeburger Schriftenreihe zur Medienbildung, 1).

Ruge, Wolfgang; Könitz, Christopher (2014): Theoriegenerierung mit Spielfilmen. Plädoyer für eine Verbindung von Grounded Theory und Neoformalismus. In: Anja Hartung, Bernd Schorb, Horst Niesyto, Heinz Moser und Petra Grell (Hg.): Jahrbuch Medienpädagogik 10. Methodologie und Methoden medienpädagogischer Forschung. Wiesbaden: Springer VS.

Rusterholz, Peter (Hg.) (2005): Wie verstehen wir Fremdes? Bern [u.a.]: Lang.

Sandel, Michael (1993): Die verfahrensrechtliche Republik und das ungebundene Selbst. In: Axel Honneth (Hg.): Kommunitarismus. Eine Debatte über die moralischen Grundlagen moderner Gesellschaften. Frankfurt/Main u.a: Campus-Verl., S. 18–35.

Sander, Uwe; von Gross, Friederike; Hugger, Kai-Uwe (Hg.) (2008): Handbuch Medienpädagogik. 1. Aufl. Wiesbaden: VS Verlag für Sozialwissenschaften.

Schäfer, Horst; Wegener, Claudia (Hg.) (2009): Kindheit und Film. Geschichte, Themen und Perspektiven des Kinderfilms in Deutschland. Konstanz: UVK Verl.-Ges (Alltag, Medien und Kultur, 5). Online verfügbar unter http://www.socialnet.de/rezensionen/isbn.php?isbn=978-3-86764-135-7.

Schändlinger, Robert (1998): Erfahrungsbilder. Visuelle Soziologie und dokumentarischer Film. Konstanz: UVK Medien (Close up, 8).

Scheer, Hermann (2005): Energieautonomie. Eine neue Politik für erneuerbare Energien. München: Kunstmann.

Schmitz, Petra (2002): Raus aus der Nische in der Nische. In: Kinder- und Jugendfilmkorrespondenz (Hg.): Dokumentarfilme für Kinder. Dokumentation des Europäischen Symposiums "Dokumentarfilme für Kinder". Bestandsaufnahme - best practice - Perspektiven. Köln, 21. - 23. September 2001, S. 7–10.

Schmitz, Petra (2002): Von der Wirklichkeit der Kinder. Was kommt nach dem Europäischen Symposium? In: Kinder- und Jugendfilmkorrespondenz (Hg.): Dokumentarfilme für Kinder. Dokumentation des Europäischen Symposiums "Dokumentarfilme für Kinder". Bestandsaufnahme - best practice - Perspektiven. Köln, 21. - 23. September 2001, S. 4–6.

Schöning, Jörg (1997): Triviale Tropen. Exotische Reise- und Abenteuerfilme aus Deutschland, 1919-1939. München: Text + Kritik (Ein CineGraph Buch).

Seitz, Klaus (2006): Lernen in einer Globalisierten Gesellschaft. In: Thomas Rauschenbach, Wiebken Düx und Erich Sass (Hg.): Informelles Lernen im Jugendalter. Vernachlässigte Dimensionen der Bildungsdebatte. Weinheim, München: Juventa-Verl., S. 63–91.

Sommer, Gudrun (2006): Was, wenn es den Kinderdokumentarfilm gar nicht gibt? Vorbemerkungen zum Themenschwerpunkt. In: *Schnitt* (44), S. 8–11.

Spitzer, Manfred (2012): Digitale Demenz. Wie wir uns und unsere Kinder um den Verstand bringen. München: Droemer.

Stewen, Christian (2011): The cinematic child. Kindheit in filmischen und medienpädagogischen Diskursen. Marburg: Schüren Verlag GmbH (Marburger Schriften zur Medienforschung, 29).

Straub, Jürgen (2007): Andere Fremde. Annotation zur Erforschung kultureller differenz und interkultureller Kommunikation im Rahmen einer realationalen Hermeneutik. In: Hans-Christoph Koller, Winfried Marotzki und Olaf Sanders (Hg.): Bildungsprozesse und Fremdheitserfahrung. Beiträge zu einer Theorie transformatorischer Bildungsprozesse. Bielefeld: Transcript-Verl., S. 109–140.

Strauss, Anselm; Corbin, Juliet (2010): Grounded theory. Grundlagen qualitativer Sozialforschung. Unveränd. Nachdr. der letzten Aufl. Weinheim: Beltz.

Strecker, Ivo (1987): Deixis und die nichtprivilegierte Kamera. In: Rolf Husmann (Hg.): Mit der Kamera in Fremden Kulturen. Aspekte des Films in Ethnologie und Volkskunde. Emsdetten: Gehling (Interdisziplinäre Reihe, 1), S. 40–53.

Strübing, Jörg (2009): Grounded Theory. Zur sozialtheoretischen und epistemologischen Fundierung des Verfahrens der empirisch begründeten Theoriebildung. 2. Aufl. Dordrecht: Springer (Qualitative Sozialforschung). Online verfügbar unter http://www.gbv.eblib.com/patron/FullRecord.aspx?p=970517.

Taussig, Michael (1993): Mimesis and alterity. A particular history of the senses. New York [etc.]: Routledge.

Taylor, Charles (1992): Negative Freiheit? Zur Kritik des neuzeitlichen Individualismus. 1. Aufl. Frankfurt am Main: Suhrkamp.

Thiersch, Hans (2004): Bildung und soziale Arbeit. In: Hans-Uwe Otto und Thomas Rauschenbach (Hg.): Die andere Seite der Bildung. Zum Verhältnis von formellen und informellen Bildungsprozessen. 1. Aufl. Wiesbaden: VS Verlag für Sozialwissenschaften, S. 238–250.

Thompson, Kristin (1995): Neoformalistische Filmanalyse. In: *Montage AV* (1), S. 23–62.

Töpper, Claudia (2004): Erzählte Wirklichkeiten. Beobachtungen und Überlegungen zu dokumentarischen Fernsehformen für Kinder. In: *TV Diskurs* (30), S. 70–75.

Töpper, Claudia (2006): Deutungsräume öffnen. In: *Schnitt* (44), S. 16–19.

Turk, Horst (1992): Theater und Drama. Theoretische Konzepte von Corneille bis Dürrenmatt. Tübingen: Gunter Narr Verlag (Deutsche TextBibliothek, 8).

van Dieken, Christel (2009): Was Krippenkinder brauchen. Bildung, Erziehung und Betreuung von unter Dreijährigen. 2. Aufl. Freiburg im Breisgau [u.a.]: Herder.

Völcker, Beate (2005): Kinderfilm. Stoff- und Projektentwicklung. Konstanz: UVK (Praxis Film, 25).

Walbach, Katrin (2012): Neurobiologische Aspekte der Bildungsprozesse im Kleinkindalter. Umsetzung wissenschaftlicher Erkenntnisse in Kinderkrippen. Wiesbaden: VS Verlag für Sozialwissenschaften (SpringerLink : Bücher).

Waldenfels, Bernhard (1995): Deutsch-französische Gedankengänge. 1. Aufl. Frankfurt am Main: Suhrkamp.

Waldenfels, Bernhard (1997): Topographie des Fremden. 1. Aufl. Frankfurt am Main: Suhrkamp.

Webersinke, Katharina (2009): Dokumentarkino für Kinder. In: Horst Schäfer und Claudia Wegener (Hg.): Kindheit und Film. Geschichte, Themen und Perspektiven des Kinderfilms in Deutschland. Konstanz: UVK Verl.-Ges (Alltag, Medien und Kultur, 5), S. 243–257.

Welfens, Paul J. J. (1990): Internationalisierung von Wirtschaft und Wirtschaftspolitik. Eine Analyse der Dynamik und Gestaltbarkeit von Wirtschaft und Politik in einer sich wandelnden Weltwirtschaft. Berlin, New York: Springer.

Welsch, Wolfgang (1992): Transkulturalität. Lebensformen nach Auflösung der Kulturen. In: *Information Philosophie*, S. 5–20.

Wenger, Anne (2008): Bildung in einer sich formierenden Weltgesellschaft. Ein Schlüssel zur Förderung einer nachhaltigen Entwicklung; Bestandsaufnahme und Perspektiven. Ulm: Forschungsinstitut für anwendungsoriente Wissenverarbeitung.

Wulf, Christoph (2002): Globalisierung und kulturelle Vielfalt. Der Andere und die Notwendigkeit anthropologischer Reflexion. In: Christoph Wulf (Hg.): Globalisierung als Herausforderung der Erziehung. Theorien, Grundlagen, Fallstudien. Münster, München [u.a.]: Waxmann, S. 75–100.

Wulf, Christoph; Merkel, Christine M. (2002): Die globale Herausforderung der Erziehung. In: Christoph Wulf (Hg.): Globalisierung als Herausforderung der Erziehung. Theorien, Grundlagen, Fallstudien. Münster, München [u.a.]: Waxmann, S. 11–30.

Zirfas, Jörg; Jörissen, Benjamin (2007): Phänomenologien der Identität. Human-, sozial und kulturwissenschaftliche Analysen. 1. Aufl. Wiesbaden: VS Verl. für Sozialwiss.

Zürn, Michael (1998): Regieren jenseits des Nationalstaates. Globalisierung und Denationalisierung als Chance. 1. Aufl. Frankfurt am Main: Suhrkamp.

Bildnachweise

Filmverzeichnis

Bollywood Boy
Regie: André Hörmann
Jahr: 2009
Land: Deutschland
Reihe: Fremde Kinder

Der Ernst des Spiels
Regie: Christoph Behl
Jahr: 2008
Land: Deutschland
Reihe: Fremde Kinder

Der Vorführer
Regie: Shaheen Dill-Riaz
Jahr: 2012
Land: Deutschland
Reihe: Fremde Kinder

Die Karen – Kinder der Grenze
Regie: Patrick Bernhard
Jahr: 2008
Land: Frankreich
Reihe: Alle Kinder dieser Welt

Die Kinder der Wippala
Regie: Patrick Bernhard
Jahr: 2008
Land: Frankreich
Reihe: Alle Kinder dieser Welt

Ein Tag mit Aïcha
Regie: Amounata Nikiéma
Jahr: 2011
Land: Frankreich/Deutschland
Reihe: Ein Tag mit…

Ein Tag mit Ato
Regie: Amplice Ganou Herma
Jahr: 2011
Land: Frankreich/Deutschland
Reihe: Ein Tag mit…

Ein Tag mit Fousseyni
Regie: Bacar Gaku
Jahr: 2011
Land: Frankreich/Deutschland
Reihe: Ein Tag mit…

Ein Tag mit Moussa
Regie: Éye Soukenatou Dio
Jahr: 2011
Land: Frankreich/Deutschland
Reihe: Ein Tag mit…

Hassani und seine Walhaie
Regie: Simone Walther
Jahr: 2013
Land: Deutschland
Reihe: Schau in meine Welt

Im Schatten der Dromedare
Regie: Patrick Bernhard
Jahr: 2008
Land: Frankreich
Reihe: Alle Kinder dieser Welt

Khuyagaa - ein Tag im Leben eines Nomadenjungen
Regie: Uisenma Borchu
Jahr: 2013
Land: Deutschland
Reihe: Schau in meine Welt

Loden - der kleine Mönch
Regie: André Hörmann
Jahr: 2012

Land: Deutschland
Reihe: Schau in meine Welt

**Nadine - Ein Wüstenmädchen
in Australien**
Regie: Cordula Henne
Jahr: 2013
Land: Deutschland
Reihe: Schau in meine Welt

Reinalyn will raus aus dem Müll
Regie: Matthias Zuber
Jahr: 2012
Land: Deutschland
Reihe: Schau in meine Welt

Über die Grenze gehen
Regie: David Pablos
Jahr: 2010
Land: Deutschland
Reihe: Fremde Kinder

Von Athen auf die Insel
Jahr: 2012
Land: Deutschland
Reihe: Schau in meine Welt
Regie: Carsten Maaz

Von Bagdad nach Dallas
Regie: Fritz Ofner
Jahr: 2013
Land: Deutschland
Reihe: Fremde Kinder

Wie alle anderen
Regie: Antonio Guidi
Jahr: 2010
Land: Deutschland
Reihe: Fremde Kinder

Wildfang
Regie: Alina Skrzeszweska
Jahr: 2013

Land: Deutschland
Reihe: Fremde Kinder

Zwischen Himmel und Erde
Regie: Patrick Bernhard
Jahr: 2008
Land: Frankreich
Reihe: Alle Kinder dieser Welt

Sie haben die Wahl:

Bestellen Sie die
Magdeburger Schriftenreihe zur Medienbildung.
Film – Internet – Computerspiele
einzeln oder im **Abonnement**

per E-Mail: vertrieb@ibidem-verlag.de | per Fax (0511/262 2201)
als Brief (***ibidem***-Verlag | Leuschnerstr. 40 | 30457 Hannover)

Bestellformular

☐ Ich abonniere die *Magdeburger Schriftenreihe zur* Medienbildung.
Film – Internet – Computerspiele ab Band # _____

☐ Ich bestelle die folgenden Bände der *Magdeburger*
Schriftenreihe zur Medienbildung. Film – Internet – Computerspiele
_____; _____; _____; _____; _____; _____; _____; _____; _____; _____

Lieferanschrift:

Vorname, Name ....

Anschrift ....

E-Mail .... | Tel.: ....

Datum .... | Unterschrift ....

Ihre Abonnement-Vorteile im Überblick:

- Sie erhalten jedes Buch der Schriftenreihe pünktlich zum Erscheinungstermin – immer aktuell, ohne weitere Bestellung durch Sie.

- Das Abonnement ist jederzeit kündbar.

- Die Lieferung ist innerhalb Deutschlands versandkostenfrei.

- Bei Nichtgefallen können Sie jedes Buch innerhalb von 14 Tagen an uns zurücksenden.

ibidem-Verlag

Melchiorstr. 15

D-70439 Stuttgart

info@ibidem-verlag.de

www.ibidem-verlag.de
www.ibidem.eu
www.edition-noema.de
www.autorenbetreuung.de